U0806661

乡村振兴战略下农村
移动电子商务发展策略探析

盛晓颖　著

中国农业出版社
北　京

前言

FOREWORD

近年来，中国电子商务市场蓬勃发展，网络零售市场连续多年保持全球规模最大、最具活力的市场地位。作为数字经济最活跃、最集中的表现形式之一，电子商务正成为我国国民经济增长的强劲引擎。

中国农村电商的发展经验表明，作为乡村振兴和数字农业发展的“标配”，农村电商与具体场景的深度结合，针对产品痛点、渠道痛点、人才痛点等起到了“靶向治疗”的作用。

党的十九大报告提出乡村振兴战略以来，2018年中央1号文件对乡村振兴战略进行了框架性的顶层设计。从此，围绕这一长期的历史性任务、新时代“三农”工作的总抓手，这7年的中央1号文件中，除了脱贫攻坚决胜期立足阶段性任务、补足短板中的短板，其他都在主题中聚焦了乡村振兴这一重大历史任务，一张蓝图绘到底。2023年1月2日，中共中央 国务院印发2023年中央1号文件《关于做好2023年全面推进乡村振兴重点工作的意见》，明确提出了农村电子商务“五个关键词”：数字兴农、数字乡村、农副产品直播、预制菜、即时零售；加快发展现代乡村服务业部分指出：完善县乡村电子商务和快递物流配送体系，建设县域集采集配中心，推动农村客货邮融合发展，大力发展共同配送、即时零售等新模式，推动冷链物流服务网络向乡村下沉；在培育乡村新产业新业态部分指出：深入实施“数商兴农”和“互联网＋”农产品出村进城工程，鼓励发展农产品电商直采、定制生产等模式，建设农副产品直播电商基地。2024年2月3日，《中共中央 国务院关于学习运用“千村示范、万村整治”工程经验有力有效推进乡村全面振兴的意见》颁布。这是新时代以来第12个聚焦“三农”的中央1号文件。

文件将提升乡村产业发展水平、提升乡村建设水平、提升乡村治理水平等“三个提升”，作为推进乡村全面振兴的重点，文件进一步明确一系列提升乡村产业发展水平的具体举措，包括鼓励各地因地制宜大力发展特色产业、实施乡村文旅深度融合工程、优化实施农村产业融合发展项目、推动农产品加工业优化升级等。2024 年中央 1 号文件提出实施农村电商高质量发展工程，推进县域电商直播基地建设。农业农村市场已经成为各大电商平台争夺的主战场，大量专注农村电商的平台和创新的农村电商模式应运而生。农村电子商务为农产品快销提供了基台，有效联系农业生产者和消费者，助力“互联网＋”农产品出村进城工程，进一步推动农产品电商与农业产业深度融合发展，充分发挥电商渗透融合作用。农村电商作为数字经济与农业农村深度融合的典型应用场景，近年来呈现出蓬勃发展的态势。农村电商充分应用数字技术，改变了传统农业的经营形态，推动了产业链各个主体、各种要素的重组，最终带来价值链的提升和产业的深度升级，农村电商高质量发展推动传统农业向现代农业转型，推动县域形成新业态和新模式，最终形成县域新发展动能。

根据我国农村电商发展实际，“数字化＋智能化”是一个发展趋势。随着农村数字“新基建”的完善和农村消费市场的激活，智能手机和移动互联网的普及，信息技术、移动互联网、物联网、人工智能、云计算等技术的应用和不断融合发展，电商兴农新模式不断涌现、发展成熟，移动交易、移动支付、移动管理及其覆盖面越来越大，农村电商的交易主要发生在移动端，预计未来移动端交易将继续占据主导地位。因此，农村电商企业需要积极开发和维护移动端平台，提供更加便捷、安全、快速的移动购物体验。移动社交电商已成为一种趋势，直播电商已经成了推动农产品销售、农民就业和增收的新标配。“手机成为农民的新农具，直播成为农民的新农活，数据成为农民的新农资，文化成为农民的新生活”，以此进一步推动了电商赋能乡村振兴，推动农业农村高质量转型发展。

前　言

近年来，丽水市主动适应引领新常态，积极转变经济发展方式，始终遵循习近平总书记“绿水青山就是金山银山，对丽水来说尤为如此”的重要嘱托，深入践行“两山”理论，奋力打开“两山”通道，勇当绿色发展的探路者和模范生，全面布局和加快发展新兴绿色产业，努力构建富有活力的生态经济体系。

丽水的“两山”理论探索回应了时代新的呼唤，具有重要的实践价值和理论意义。丽水市委、市政府准确把握互联网迅猛发展的趋势，结合丽水山区城市的实际，率先从政府层面大力推动农村电子商务工作，找准“互联网+”的支点，通过大力发展农村电子商务平台，成功撬动绿色产业转型升级。经过十多年的探索、创新，全市农村电子商务建设工作已逐渐形成较为完整的体系，在促进青年就业创业、促进农民致富增收、促进农业转型升级等方面取得了显著的工作成效，为助力乡村振兴农旅融合发展培育了新的增长极。本专著中丽水创新网商、共富工坊、智慧农旅的“丽水样本”，其发展思路的理论支撑渐成框架，使丽水的经验更加具备了可参考、可复制、可推广的价值，理念不断升华、实践硕果累累、经验愈加丰满。

本专著系“社科赋能山区（海岛）县高质量发展行动”研究成果、中国（丽水）两山研究院成果，受中国（丽水）两山研究院资助。本专著从乡村数字治理、数字经济赋能、移动电子商务创新模式应用等方面，对全域“山区26县”的丽水农村电商发展进行经验总结和对策分析，并介绍了移动电子商务相关的技术和在乡村的应用案例，以期为农业农村领域数字化转型、农村电子商务发展、移动电子商务赋能乡村振兴提供有益借鉴。本专著也是电子商务专业《移动电子商务》课程、专业劳动教育《产品设计与制作》课程的配套参考教材。受丽水学院中医药与健康产业学院校企合作项目资助（项目编号：23CYJC03）。本专著系浙江省课程思政教学项目“‘课程思政—专业思政’协同育人机制研究——以丽水学院电子商务专业为例”研究成果。

目　录
CONTENTS

前言

第一章　乡村数字治理与农村电商发展 …… 1

一、数字乡村发展的政策效应 …… 1

（一）政策主导“乡村入网” …… 2

（二）农村数字经济与数字乡村 …… 6

（三）乡村治理数字化转型的政策设计 …… 10

（四）数字乡村效能提升的政策优化 …… 12

（五）垣曲县长直乡：数字助推乡村治理“跑入快车道” …… 16

（六）萧山区楼塔镇：数字化乡村治理的楼塔样板 …… 17

二、“互联网+”在乡村的应用 …… 19

（一）互联网思维与互联网经济 …… 19

（二）互联网市场推动乡村资产转化为互联网资本 …… 28

（三）“互联网+产业”提高农村存量人口人力资本 …… 31

（四）“互联网+农业”加深乡村产业市场化程度 …… 34

（五）数字技术促进农业产业层次和结构的转型 …… 36

（六）数字经济赋能乡村全面振兴 …… 38

三、数字经济发展的地区差异 …… 41

（一）数字鸿沟 …… 41

（二）农业数字化发展及区域差异 …… 47

（三）农民数字化转型的现实困境 …… 52

（四）广西田东：打造“平安乡村+农村电商”信息化帮扶之路 …… 55

四、农产品电商化实例分析 …… 57

（一）丽水市农产品电商概述 …… 57

（二）农产品电商发展作用 …… 59
（三）丽水市农产品电商存在问题 …… 60
（四）对策与发展建议 …… 62

第二章 移动电子商务技术创新商业模式 …… 66

一、移动电子商务行业应用及发展趋势 …… 67
（一）移动互联网及移动技术 …… 68
（二）移动电子商务与电子商务的区别 …… 72
（三）移动电子商务的特点 …… 74
（四）移动行业应用 …… 75
（五）移动互联网的发展趋势 …… 76
二、移动电子商务商业模式在农村的应用 …… 78
（一）移动电子商务商业模式的构成 …… 79
（二）移动电子商务商业模式的特征 …… 81
（三）移动电子商务商业模式成功的判断标准 …… 82
三、移动互联网环境下的农产品营销 …… 85
（一）移动营销的优势 …… 85
（二）特色生鲜农产品移动电子商务应用 …… 87
四、农业电商互联实例分析 …… 89
（一）“新特点”赋予“新定位” …… 89
（二）规模小、链条短、成本高、人才缺的问题 …… 91
（三）农业、电商互联“统”起来 …… 93

第三章 农村电商物流及移动物流 …… 96

一、移动物流的应用及技术支撑 …… 96
二、移动电子商务物流模式 …… 99
（一）共享物流 …… 99
（二）物流 App …… 100
（三）物流 O2O …… 103
三、智慧物流 …… 107
（一）云物流 …… 108

（二）无人仓 …… 110
（三）无人配送 …… 110

第四章　农村电商助推农文旅融合的经验探索 …… 112

一、丽水市特色农产品 O2O 体验馆 …… 113
二、“双招双引＋数字兴镇＋引凤筑巢” …… 115
三、农村电商升级版的“富川观察” …… 121
四、平顺县电商扶贫微商村纪事 …… 122
五、“三畲”联动开启民族乡村共富新引擎 …… 125
六、从“传统销售”向“互联网＋”裂变的“丽水样本” …… 127
（一）平台构建：外引内联打造产品营销平台 …… 128
（二）终端下沉：村级服务打造综合服务体系平台 …… 130
（三）强化培训：人才培养提升创业动能 …… 132
七、农村电商助推绿色发展的“丽水经验” …… 134
（一）大力推进农村电商建设，助力产业振兴 …… 134
（二）整合农村电商资源平台，拓宽农特产品销售渠道 …… 135
（三）建设农村电商服务站点，助力农产品上行 …… 135
（四）“山耕”文章，推动土货农产品转向旅游商品 …… 136
八、农文旅融合经验梳理 …… 138

第五章　移动电子商务人才培养培训实例 …… 142

一、电商人才的培养培训目标及方案 …… 144
（一）农村电商人才普及培训 …… 144
（二）农村电商人才初级培训 …… 146
（三）农村电商人才中级培训 …… 148
（四）农村电商人才高级培训 …… 150
（五）直播电商共创高级研修班 …… 151
二、青春“主播之家”建设 …… 152
三、夯实“乡村守护人”计划 …… 156
四、“山货上头条”区域特色馆 …… 157
五、深化公众号运营建设 …… 157

六、积极开展电商模式输出 …… 159
（一）扎根藏区，电商助力脱贫 …… 160
（二）对口合作，梅丽共绘电商蓝图 …… 161
（三）强强联手，打造数字贸易新高地 …… 163
七、移动电子商务人才培养经验梳理 …… 164

参考文献 …… 167

第一章 乡村数字治理与农村电商发展

数字乡村建设是“数字中国”建设的重要内容，数字技术嵌入乡村治理过程，重构了乡村治理要素，促进了乡村治理数字化转型。乡村治理数字化转型既是数字乡村建设的重要内容，也是实施乡村振兴战略的客观要求。

一、数字乡村发展的政策效应

党的十八大以来，党和国家高度重视农村数字经济建设，党的十九大报告提出推动“数字经济等新兴产业蓬勃发展”，党的二十大报告提出“加快发展数字经济，促进数字经济和实体经济深度融合”，出台了一系列相关政策措施，加强了农村数字经济的基础设施建设和应用推广，取得了举世瞩目的成就。农村数字经济建设不仅契合了我国乡村振兴的整体发展脉络，亦成为推动我国农村现代化的有力武器，这不仅有利于破解城乡二元制结构差异的历史性难题，亦有利于共同富裕目标以及中国梦的实现①。

互联网数字化技术在乡村振兴战略中作用重大，可以利用互联网数字化技术实现精准扶贫。《乡村振兴战略规划（2018—2022 年）》指出：“实施数字乡村战略，加快物联网、地理信息、智能设备等现代信息技术与农村生产生活的全面深度融合。”数字技术可以重塑乡村社会文化经济生态链，发展农村电商、休闲农业、乡村旅游等新产业、新业态，助力实现乡村振兴②。农村社会有效治理的实现是乡村振兴的基础，随着数字乡村建设的推动，各地不断探索实践

① 蒋旭．回眸与前瞻：党的十八大以来农村数字经济建设研究述评：基于 Cite Space 的可视化知识图谱分析［J］．西南民族大学学报（人文社会科学版），2023（6）．

② 罗震东，项婧怡．移动互联网时代新乡村发展与乡村振兴路径［J］．城市规划，2019，43（10）：29－36．

形成了适合自身发展的数字治理模式①，如电子商务驱动了山东省曹县大集镇乡村治理多元化重构②。

（一）政策主导“乡村入网”

农业、农村、农民问题是关系党和国家事业发展全局的根本性问题。在新中国成立以来的各个历史时期，我们党始终高度重视、认真对待、着力解决农业、农村、农民问题，领导亿万农民谱写了农村改革发展的壮丽篇章。

随着移动互联网和智能手机融入乡村日常生活，中国乡村走出了一条独具特色的互联网技术实践之路。从互联网信息服务“站点模式”、互联网基础设施“下乡模式”到乡村治理的“数字化战略模式”，自上而下的技术扩散使得乡村能够在互联网浪潮中入网、上网、受惠于网。而随着互联网技术的“入村、入户、上手”，在网络中建构出另类的意义表达，展示出从乡村内部生产出来的文化内生性③。乡村的互联网技术实践很难用单一的“只讲乡村”的视角去讨论，这是一个涉及文化、制度、技术、资本等的行动者网络。

互联网技术赋能的研究主要关注个人如何通过互联网所赋能的“去中心化”权力，迸发出能动的、创造的和主体性的技术实践。互联网技术激发出农民、农村和农业的能动性、主体性和创造性，形成了村民们基于农村日常生活的技术使用实践，这些技术实践又再次建构了农村的日常生活。

20世纪末，在中国即将加入世界贸易组织（WTO）的形势下，农村市场信息流通仍然面临诸多局限。2001年，农业部启动“‘十五’农村市场信息服务行动计划”，简称“信息服务行动计划”，计划用3～5年时间建立起覆盖全国省、市、县和大多数乡镇的农村市场信息服务网络，提高为农民提供信息服务的水平，改善农村信息服务滞后的状况④。2003年，中国农业部信息中心的实地调查显示，信息服务部门借助计算机、互联网等手段统一建立起“互联网信息服务站”⑤。“互联网信息服务站”成为农村信息服务的基本模式。互联网

① 冯献，李瑾，崔凯．乡村治理数字化：现状、需求与对策研究［J］．电子政务，2020（6）：73-85.

② 陈芳芳，罗震东，何鹤鸣．电子商务驱动下的乡村治理多元化重构研究：基于山东省曹县大集镇的实证［J］．现代城市研究，2016（10）：22-29.

③ 沙垚．吾土吾民：农民的文化表达与主体性［M］．北京：中国社会科学出版社，2017.

④ 农业部．“十五”农村市场信息服务行动计划［EB/OL］．（2001-09-18）．http://www.moa.gov.cn/gk/zcfg/_deleted_2018.10.23_09.36.23_qtbmgz/200601/t20060123_540617.htm.

⑤ 郭作玉．百宝箱：中国信息化与现代农业案例及分析［M］．北京：中国农业出版社，2011.

信息服务站是一个拥有固定场所的服务站点，服务站提供上网设备无偿让广大农民使用，为农民提供各类信息，包括气象、技术、供求信息、市场行情、专家咨询、劳务市场、招商引资、政策法规等信息，并通过网络及时处理农民所反馈的有关信息。实践中，有些地区的“互联网信息服务站”实际是以农村网吧为载体的①。2009 年，工业和信息化部印发《农村综合信息服务站建设和服务基本规范（试行）》，农村综合信息服务站建设开始形成一套政策制度向下推行，要求具备一处固定场所、一套信息设备、一名信息员、一套管理制度、一个长效机制的“五个一”基本条件②。之后，农村“互联网信息服务站”整合农业行业协会、区县农业信息服务部门、农业技术推广部门、乡镇农业服务部门、村民委员会和农民合作经济组织，形成行业信息专业采集，发布和传递到行政村和农民，建立行业专业网站，建设和培训信息员队伍的线上线下整合式农业信息传播模式③。“互联网信息服务站”诞生于市场经济背景下，彼时国家虽然已经预见到互联网能够促进农业信息流通和服务，但由于当时中国农村互联网基础设施建设不发达、不完善，“站点模式”成为早期乡村接入互联网的重要方式和特色模式。此后，“全国‘三农’服务网”“农村公共信息服务工作平台”等互联网网站相继建立并成为农村互联网信息服务的重要阵地，这一切都离不开早期“互联网信息服务站”模式下的技术市场资源积累。

党的十六大以后，农村信息化建设成为现代农业和社会主义新农村建设的重要内容。农村信息化建设的顶层设计旨在缩小城乡之间的“数字鸿沟”，在农村建设互联网基础设施，使农村能入网、农民能上网、农业能够信息化。其中，“家电下乡”和“宽带乡村”成为农村互联网基础设施建设的重要手段。“家电下乡”是国家在 2008 年出台的一项财政政策救市方案。为了抵抗国际金融危机，扩大内需市场，非城镇户籍的居民在购买电视机、冰箱、手机和洗衣机等家电时，可以享受售价 13%的补贴，最高为 2 000 元。与“家电下乡”同步进行的是一系列农村互联网基础设施的投产、建设和完善。例如，政府推动建立“家电下乡信息管理系统”，利用信息化手段推行财政政策，同时建立起

---

① 段京肃，王锡苓，李惠民．落后地区农村互联网发展的市场之路：以宁夏灵武市“首家农民网吧”的遭遇为个案 [J]．新闻大学，2008（1）：137－142.

② 工业和信息化部．关于印发《农村综合信息服务站建设和服务基本规范（试行）》的通知 [EB/OL]．（2009－05－31）．http：//fgcx. bjcourt. gov. cn：4601/law？fn=chl370s626. txt.

③ 栾莉萍．农村信息服务站建设问题研究 [J]．农村经济与科技，2010，21（1）：18－19.

产品数据库、资金信息库和农民信息数据库。2009 年，电脑也成为“家电下乡”政策的补贴产品。“电脑入户”使得中国互联网实践的“站点模式”发生改变，部分农户拥有了独自入网的条件，不需要再去“互联网信息服务站”使用信息设备。农户自身成了互联网中个体化的网络节点。2013 年，国务院发布“宽带中国”战略，部署了 8 年内的中国宽带发展目标及路径。2014 年，国家发展改革委、财政部、工业和信息化部三部委联合组织实施“宽带乡村”试点工程①。各地的“农村宽带普及计划”“农村校通宽带计划”等工程采用了“无线先行、有线跟进”“4G 无线＋有线宽带”同步覆盖的方案。“宽带乡村”工程进一步推动了“电脑入户”“手机入户”的进程，农村与城市的“数字接入”鸿沟得到了一定程度的弥合。村民可以更方便快捷地通过电视、家用电脑和手机了解新闻、资讯和娱乐信息。“家电下乡”与“宽带乡村”等基础设施建设对乡村互联网实践尤为重要，只有解决了农民和农村的互联网接入问题，才能使乡村真正进入互联网时代。

随着农村网店的蓬勃发展，电商平台出台了一系列针对“农产品上网”的扶持方案。“淘宝村村通”“苏宁拼购村”等电商平台下沉乡村，不同于宽带、设备等硬件设施，数字是互联网的软件资源。数字化能力不仅涉及“数字鸿沟”中的“接入沟”，更涉及“使用沟”和“知识沟”②。21 世纪以来，国家试图向农村更为精准地投放资源、定点治理。“数字化”成为克服上下级之间信息不对称、强化国家自上而下的信息收集能力、服务精细化基层治理的重要议题。2019 年，国家发布了《数字乡村发展战略纲要》，2022 年《数字乡村发展行动计划（2022—2025 年）》出台。“数字整合”成为互联网时代国家意识和政权整合乡土社会的方式。政务服务“线上办”“就近办”，医疗健康服务网络化、集约化以及针对农民的智慧法律服务平台等公共服务网络在农村地区大力推广，不仅旨在满足农民有针对性的个性化的需求，也期待拉近村民与农村政权组织的距离。乡村数字化战略使国家与乡村的关系从“政权链接”向“政权　智技”的混合链接嬗变，在共同富裕与数字治理的张力之间实现“数字惠民”。当下数字乡村建设存在严重的“悬浮化”问题，广大农民对数字化还感到生疏，处于观望与等待之中。自上而下的基础设施建设已经将乡村“推入”互联

① 本刊编辑．三部门共同推进“宽带乡村”试点工程［J］．电视技术，2014，38（13）：182.

② 韦路，张明新．第三道数字鸿沟：互联网上的知识沟［J］．新闻与传播研究，2006（4）：43-53，95.

网时代，乡村要经历从数字接入转向数字使用的过程，但政策主导的技术扩散逻辑却面临“如何使乡村动起来”的难题。网络直播兴起后，农户不仅自己开直播“带货”，还会引进流量主播进入种植园，现场直播农产品的种植和丰收过程，以促进农产品的线上销售。“网络劳动”成了农民的劳动新形式。

总的来说，中国乡村互联网技术扩散过程中，政策力量扮演着重要的角色，自上而下的技术扩散在一定程度上弥合了中国城乡之间的“数字鸿沟”，使得中国乡村能够在互联网浪潮中“入网”“上网”“惠于网”。互联网时代，个人化的自主表达和创造成为乡村传统文化的主要传播形式。传统的乡村文化、民俗文化等借助社交媒体技术平台被重新创造与表达。通过社交媒体、短视频等互联网技术的使用，村民们阐释了传统农村文化新的内涵，也开辟了传统文化传承和传播的新方式，通过短视频，视觉的、具象的乡土记忆与田园牧歌成为一种媒介景观和文化现象。

因为社交媒体，间隔较远的村民之间、干部与村民之间、本地人与离乡人之间形成了公共生活的“共同在场”。通过微信群建立起的基层自治队伍，同时也将相距较远的同村人、村民与干部、党员和群众联系在一起，不仅实现了服务零距离，而且形成了政策宣讲、建议反馈、互帮互助的乡村公共生活空间。智能手机进入农村家庭，家庭的空间关系发生了改变。早期的家庭议事空间可能集中在客厅和餐桌，但是智能手机带来了家庭公共空间的式微，“我爱我家”“相亲相爱一家人”等微信群成了新的议事空间。近年来，许多在外工作的青年人在家中安装智能摄像头，通过智能摄像头，乡村留守老人、儿童可以实时与远方的亲人互动，在依托智能摄像头的互动过程中，留守老人、儿童的日常行为、生活习惯和情感联结也发生了改变，这一切重建了留守家庭的空间结构布局，形成了新的媒介家庭空间。近些年，智能设备和机器相继进入到农业中，重构了农户与田地之间的耕作空间。一个人和一部手机就可以完成30多亩*地的脐橙灌溉工作。这是“智慧水肥一体化系统”在种植业和农业中的应用。改变了传统的农户与田地的关系，对于农户而言，智能设备成了“耕种工具”，他们可以随时随地进入耕种空间，“耕种”远方的田地。随着更多智能设备的运用，劳作的权力关系也发生了改变。一批“新农人”正在实践和重建着农村的劳作方式和劳作空间。

---

* 1亩=1/15公顷。

第 52 次《中国互联网络发展状况统计报告》显示，我国现有行政村已实现“村村通宽带”，农村地区互联网普及率达 60.5%。然而，在站点建设、下乡政策与数字化战略中，所有乡村都被赋予了相同的定义，都是被建设、需发展和被变革的对象。在这样的发展主义的逻辑下，难以看到农村的独特性以及农民作为农村文化主人的主体性与创造性。互联网技术想要自上而下“入场”便直接触及了中国乡村发展与治理的历史与深层问题，面临不小的挑战。

（二）农村数字经济与数字乡村

当前学术界已从多学科角度围绕党的十八大以来农村数字经济建设进行了全方位研究，也产生了丰富的研究成果，为进一步扩展农村数字经济建设的研究奠定了强大的学理基础，当前学术界围绕农村数字经济建设与乡村振兴的研究主要有以下一些观点。

首先，农村数字经济推动了农村产业结构升级，“数字经济与实体经济融合是推动乡村振兴的重要环节之一，对推动农业产业结构升级具有重要意义”①，如山东省阳信县的“阳信探索”，“数字经济优化了农村产业结构，促进了农村产业升级，实现了乡村振兴”，“农村数字经济生态系统指的是由政府、企业、人才等多要素共同组成的复杂系统”②，它们相互依存、相互作用，共同促进了农村数字经济的整体建设，进而强化了农村数字经济生态系统的研究，有利于我们进一步深化对农村数字经济建设的认识，进而更好地指导各地的实践活动。第一，政府在农村数字经济生态系统中发挥着重要作用，需要进一步明确政府在农村数字经济建设中的担当和责任，强化政府在资源配置以及政策制定方面的作用发挥，同时，还应研究如何健全政府协调机制，从而促进农村数字经济生态系统内部的协同性发展。第二，企业也是农村数字经济生态系统的重要组成部分之一，应进一步完善企业的职责和义务，合理规划企业的整体战略和发展方向，优化企业的资源配置，促进农村数字经济生态系统创新性发展。第三，要研究如何健全农村数字经济人才培养机制和人才流动机制，以何种方式促进农村数字经济生态系统的人才储备和流动？因而，加深农村数字经济生态系统的研究，应合理调配政府、企业、人才等多要素之间的多向互

---

① 李国英．农业全产业链数字化转型的底层逻辑及推进策略［J］．区域经济评论，2022（5）．

② 中国社会科学院财经战略研究院，农业农村部信息中心，京东科技．数智乡村白皮书（2021）［EB/OL］．（2021－12－21）［2022－07－31］．https：//www.sohu.com/a/573097011_121393046.

动，优化不同的资源整合，进而推动农村数字经济的协同性发展。

其次，农村数字经济推动了农村经济发展，农村数字经济建设可以为农村经济发展提供新的动力，通过数字化技术的推广和应用，拓展了农村经济发展的空间，提高了农村经济效益，促进了乡村振兴。

再次，农村数字经济为广大农村居民提供了更多的就业机会，提升了农村居民的幸福感，推动了乡村振兴的发展。

最后，数字经济为农村基础设施建设提供了强有力的支持，通过应用数字技术，提升了农村基础设施的智能化程度和服务水平，改善了广大农村居民的生活条件，促进乡村振兴的全面发展。

1. 农村数字经济建设与数字乡村建设

首先，农村数字经济建设为数字乡村建设提供了强有力的支撑，通过现代信息手段，乡村振兴战略在数字化农业、数字化服务以及数字化乡村旅游等方面，都需要农村数字经济给予支持，农村数字经济建设促进了相关农业产业链的发展，农村数字经济利用人工智能等新技术，提升了农业生产的效率，促进了农产品的标准化生产和相关品牌打造，作为农村数字经济的重要领域之一，农村电商利用互联网技术，打破了现实的地域限制，为农产品销售流通提供了更为便利的网络化服务，同时农村电商也带动了相关农村居民就业，提升了农村居民的就业率和收入，增进了农村居民的获得感和幸福感，双循环是新时代中国提出的新发展格局，旨在“加快构建以国内大循环为主体、国内国际双循环相互促进的新发展格局”①。一是将数字经济与农村建设有机融合，以数字技术为支撑，发展数字化农业，以信息技术优化农村生产效率，增加农民收入，进而科学认识农村数字经济建设的价值归旨。二是推动数字化农村建设，提高农村生产生活等方面的质量水平，推动数字化农村建设、促进数字化农村金融、提升数字化农村医疗、普及数字化农村教育，进而科学认知农村数字化建设的实行路径。三是加强科技创新，提高农业科技研发水平，大力培育农业农村方面的数字化员工，持续提升广大农民群体的数字意识和数字技能，最终服务于乡村振兴和共同富裕的伟大征程，进而科学理解农村数字经济建设的最终目的。农村数字经济建设作为农村高质量发展的重要组成部分之一，在双循环战略中扮演着重要角色，农村数字经济利用数字化技术，为广大农村地区和

① 佚名．中共中央关于制定国民经济和社会发展第十四个五年规划和二〇三五年远景目标的建议［N］．人民日报．2020-11-04（1）．

偏远山村提供了更为便捷的服务，推动了广大农村地区经济和社会的发展，促进了国内大循环的发展，同时农村数字经济建设利用互联网平台，引进了国际先进技术，也拓展了相关农产品的出口途径，实现国内国际双循环的相互促进，农村数字经济建设不仅促进了双循环的有序运转，也为缩小城乡差距，破解城乡二元制结构差异提供了有效方案。

其次，农村数字经济建设与数字乡村建设的融合推动了农村产业结构升级，提高了农村居民的收入水平，增强了农村居民的幸福感和获得感，实现了广大农村地区的可持续发展。

再次，数字乡村又为农村数字经济的发展提供了巨大的市场需求，农村数字经济多元化的发展方向契合数字乡村发展的整体轨迹，数字金融为农村数字经济建设提供了重要支持，数字金融为农村居民和企业发展提供了更加便捷的融资途径，数字金融利用互联网以及移动支付等方式，便捷了农村居民创业和企业融资，数字金融也为农产品流通提供了更加安全高效的支付手段，方便了农产品的销售流通，同时数字金融也为农村保险提供了更便捷的条件，因此，加强农村数字经济建设与数字金融发展协同性的研究，已成为未来农村数字经济建设研究的重要方向之一。

最后，数字乡村建设为农村数字经济建设提供了基础设施以及服务保障，促进了农村地区的现代化进程，因此未来的研究应着眼如何实现两者的良性互动。同时，我们应看到不同数字乡村建设因地域、基础设施水平以及人员队伍建设的差别，在研究时应具体问题具体分析，立足于当地的实际情况，实现数字乡村建设与农村数字经济的协同发展，促进城乡一体化发展目标早日实现。数字乡村建设也为农村数字经济建设的创新提供了广阔的发展空间，农村数字经济建设在数字乡村建设中技术得到了更新和升级，从而推动了农村数字经济建设，综上所述，农村数字经济建设与数字乡村建设是互相促进的关系，如何优化其整体的资源互动对于未来乡村振兴目标的实现意义重大。

2. 农村数字经济建设与共同富裕

当前学术界围绕农村数字经济建设与共同富裕的研究相对较多，主要从以下几个方面展开探讨。首先，共同富裕是农村数字经济建设的目标，农村数字经济是推动我国农村经济高质量发展的重要保障，也为共同富裕目标的实现奠定了坚实的物质基础。其次，农村数字经济建设是实现共同富裕的一种途径和手段，农村数字经济的发展契合了新时代共同富裕的目标要求，充分利用农村数字经济资源可以更好更快地实现共同富裕。最后，农村数字经济建设也促进了农村基础设施建设以及公共服务水平的提高，拓展了乡村文化现代化的发展路径。

3. 农村数字经济建设与数字农业建设

农村数字经济建设与数字农业建设密不可分，作为农村数字经济的重要组成部分，数字农业建设是农村数字经济在农业领域应用的具体体现之一，数字农业建设，作为数字中国和数字经济的重要组成部分，为农业现代化以及乡村振兴提供了强大动力①。结合相关具体文献，具体分析农村数字经济建设与数字农业建设的逻辑层次，我们可以总结出以下几点：一方面，数字农业降低了生产成本，提高了农业生产效率，农业数字化转型是通过数据重构农业生产要素配置效率，形成农业数字化生产运营的根本性变革，不仅实现了农业生产的智能化，也降低了劳动力成本，提高了生产效率。同时，数字化技术还可以提高农业生产的精准性和可控性，实现精准施肥、精准灌溉；另一方面，数字农业建设也提高了农产品的质量安全，数字技术使农产品的生产过程更加标准化和精细化，不仅实现了全程可监测和可追溯，保证了农产品的质量安全，还促进了农产品的品牌化，提高了相关农产品的市场竞争力。在政策制定和实施过程中，应探索新思路、新方法，将新思想、新技术应用到农村数字经济的建设中，进而提升农村数字经济建设的发展水平和有效竞争力，在制定农村数字经济政策时，应考虑到不同地区、不同企业的具体情况，制定出多元化、灵活性强的政策，以便更好地促进农村数字经济的发展。

最后，政策的实施效果也需要进一步评估和监测，以便我们及时发现问题和解决问题，提高相关政策实施的实际效果，政策实施后，我们还需要对相关政策对社会经济方面的影响做进一步的分析，依据相关政策实施效果的优劣进行及时调整，从而达到预期效果。一方面，应加强对数据安全和个人隐私的保护，随着农村数字经济的发展，大量的数据和个人信息进入农村数字经济平台，如何维护数据安全和保护个人隐私成为未来农村数字经济发展需要考虑的关键问题之一，政府和企业应加强对数据的安全管理和个人隐私的重点保护，建立起完善的数据管理机制，从而很好地维护数据安全和保护个人隐私；另一方面，也应规范相关数据平台的管理，农村数字经济平台是农村数字经济发展的核心，政府和企业应进一步完善农村数字经济平台管理制度，加强对农村数

① 刘海启．加快数字农业建设为农业农村现代化增添新动能［J］．中国农业资源与区划，2017（12）．

字经济平台的监管，优化相关农村数字经济平台的服务，从而满足广大人民群众多元化的利益需求。

（三）乡村治理数字化转型的政策设计

随着国家数字乡村建设体系的不断完善。乡村治理数字化转型的政策设计加快构建乡村数字治理体系，着力提升数字治理效能上升为数字乡村战略的重要目标。2019 年以来，国家陆续出台了一系列政策文件以不断推进乡村数字治理实践，数字治理从战略规划、试点探索走向落地实施。《数字乡村发展战略纲要》《数字农业农村发展规划（2019—2025 年）》《数字乡村发展行动计划（2022—2025 年）》等政策文件接续强调从“智慧党建”“互联网＋政务服务”“互联网＋党务、村务、财务”“基层综合治理信息化”“智慧应急管理”等方面加快推进乡村治理数字化进程，随着乡村数字治理实践的步步推进，相关政策的核心指向越来越清晰：一是在规划设计方面，强调以乡村实际需求为导向，加强顶层设计和完善数字技术供给，依据村庄类型分类推进试点示范，统筹推动数字乡村与智慧城市建设，着力构建多元主体共建共治共享的治理格局；二是在具体实施方面，重视完善推广积分制与网格化治理、打通线上线下服务融合渠道、建立健全涉农数据的归集与共享机制；三是在保障体系方面，强调建立多部门联动的统筹协调机制，加快形成财政支持引导、金融与社会资本主体广泛参与的多元投入模式，强化多层次的数字乡村人才支持体系，完善考核评估机制。

为实现上述政策目标，各级政府持续加大农业农村信息化建设投入力度，积极引导社会资本投入，加速布局乡村数字基础设施和数字治理等领域，并推进健全完善数据要素治理机制、广泛开展农民数字素养与技能培训，乡村数字治理领域政府职能履行、市场作用发挥、数据要素激活、主体赋权扩能使得数字治理效能提升迎来重要发展机遇。

一是履行政府职能：国家不断加大对农业农村信息化建设的财政支持。财政投入是政府支持乡村数字治理提质增效的直观体现，国家级和省级数字乡村试点的推进催生日益增长的数字化建设资金需求，国家持续加大对农业农村信息化的财政投入和对西部的资源倾斜，为乡村治理提质升级提供了重要的资金保障。

二是发挥市场作用：金融和社会资本加速布局、拓展涉农投资新赛道。在国家支持引导下各类市场主体加快布局乡村数字治理领域，以便充分发挥技术、资金和人才优势，使市场在改善乡村数字治理中的作用日益凸显。目前进入乡村数字治理领域的市场主体主要包括具有涉农产业背景的企业、具有国资背景的地方平台型企业、资本型企业（银行、证券、基金等）以及互联网平台经济型企业。不同类型的市场主体具有不同的投资基础和特点，但均倾向于选择与自身优势相匹配的投入路径与模式，因区域农业农村发展基础不同，社会资本投资增长幅度存在区域不平衡，但均加速了各地乡村治理数字化进程。金融机构积极响应政府号召、充分运用金融科技，助力乡村综合服务平台建设是金融支持乡村数字治理提质增效的重要体现，例如，中国建设银行集合全流程线上贷款、政务、缴费、社交等功能，搭建起以“金融服务＋智慧村务＋便民服务＋电子商务”为主要内容的“裕农通”乡村振兴综合服务平台，有效促进了乡村治理实践，截至2022年年末，“裕农通”App已在全国27个省份分行上线特色功能模块，注册用户512万户，累计为农户提供近200亿元的信贷支持①。中国农业银行开发了“三资”管理平台，整合了产权交易、乡村治理、金融服务等多种功能，支持农村集体产权制度改革，并有效拓展了乡村治理的内容和形式，截至2022年末，该“三资”管理平台已在全国1 488个县（市、区）上线，覆盖了148万个行政村。互联网信息科技领军企业引领了乡村治理领域社会资本投资的新风向，例如，阿里巴巴集团与农业农村部开展战略合作，由阿里钉钉为全国乡村治理体系建设115个试点县（区）优先搭建数字治理平台。乡村钉在基层党建、便民服务、村务管理等诸多领域得以加快应用，浙江建德依托钉钉平台的数字化组织管理和协同优势，整合农业农村大数据建立数据池，将“乡村钉”与“城市大脑”高效连接，形成“县乡一体、综合智治”的县域治理格局，京东科技发布乡村数智化解决方案，集合人工智能、大数据、云计算、物联网等数智技术搭建覆盖智慧党建、社会治理、环境监测、应急管理等多场景的乡村数字治理体系，探索建立契合乡村产业发展需求的乡村治理模式。腾讯大力推广“腾讯为村”在基层党建、村务管理、公共服务等领域的应用，助力基层治理数字化改革。

三是激活数据要素：数据要素治理机制加快建立与完善。国家持续推进数据要素市场建设、强调完善数据要素治理机制，为提升乡村数字治理效果注入了新的活力。近年来，《关于构建更加完善的要素市场化配置体制机制的意见》《关于构建数据基础制度更好发挥数据要素作用的意见》等一系列政策文件接

① 佚名．中国建设银行：以新金融实践回应乡村振兴之问［N］．农民日报，2023-3-4.

续出台，强调加快建立完善数据产权制度、流通交易制度、收益分配制度，实现数据要素治理安全可控、弹性包容。在此背景下，上海、北京、广东、浙江等省份积极推进数据交易所建设，吸引多元主体参与数据治理，着力挖掘数据要素社会价值。与此同时，农村“三资”管理、垃圾智能分类、村务智慧化管理、积分制治理等各类数字治理平台纷纷建立，农业农村数据量呈指数级增长，涉农信用信息数据整合共享的实践探索加快推进，鉴于数据要素具有可复制性、非竞争性、排他性与非排他性并存等典型特征，且对土地、劳动力、资本、技术等传统生产要素具有极高的渗透性①，涉农大数据的合规高效开发利用必将加速乡村治理理念、治理模式和治理结构的重塑。

四是主体赋权扩能：数字基础设施条件和主体素质不断改善。农村互联网基础设施建设深入推进，为各类群体尤其是弱势群体享有平等的乡村数字治理参与权提供重要保障。高素质农民培育和农民数字素养与技能提升行动协同推进，不断充实乡村数字治理的人才队伍，激发农民参与数字治理的内生动力。随着国家持续加大对外出务工农民、大中专毕业生、退役军人等主体开展创业政策扶持以及高素质农民培育的接续推进，本土高素质农民数量迅速增加。截至 2020 年年底，全国农村实用人才总量约 2 254 万人，其中高素质农民超过 1 700万人②，为实现高效能的乡村数字治理提供重要的人才支撑。此外，随着《提升全民数字素养与技能行动纲要》出台，各地积极探索将数字素养与技能提升同高素质农民培育、农村实用人才素质提升、创业创新技能培训相结合，不断提高农民的数字化适应力、胜任力和创造力。淘宝直播数据显示，“村播计划”上线 3 年累计助力 11 万名农民主播开播超过 230 万场，带动农产品销售额超 50 亿元。

（四）数字乡村效能提升的政策优化

数字化将是建设现代化强国的主要引擎，围绕“一基三化”，以数字技术为基，让产业数智化、生活智慧化、治理现代化。实现：技术进乡、人才回乡、金融到乡、农品出乡、农商兴乡。

国家治理体系运行、优化和效能输出依赖各子系统的协同与衔接、信息反

① 张平文，邱泽奇．数据要素五论：信息、权属、价值、安全、交易［M］．北京：北京大学出版社．2022.

② 光明网．“十三五”时期我国累计培育高素质农民五百万人．https：//m.gmw.cn/baijia/2020-12/13/34457786.html.

馈与调平纠偏及系统能动性的激发，提升国家治理效能需把握系统整体涌现性、统一性与差异性、制度有限性与主体能动性、正负反馈的动态平衡等原则①，鉴于乡村治理体系是国家治理体系的重要组成部分，乡村数字治理效能与国家治理效能提升既是一脉相承，也应与时俱进。结合乡村数字治理“理念—结构—方式—结果—机制”的效能解析框架及现阶段乡村数字治理实践面临的诸多挑战，需坚持系统思维、辩证思维和创新思维，持续完善顶层设计与实施方案，促进乡村数字治理包容、开放、惠民和可持续发展。具体包括优化数字技术供需匹配，促进数字技术与组织、治理制度有机融合，聚焦多元主体能动性激发，构建线上与线下治理协同互促机制，统筹推进数字城乡融合发展，提高乡村数字经济和数字治理的协调性，激活以数据要素驱动的乡村数字治理新势能②。

一是把握好数字技术供给与需求的关系，优化乡村治理领域数字技术供给质量。需以有效需求牵引供给、以优质供给适配需求变化，加强对集聚提升类、城郊融合类、特色保护类、搬迁撤并类四类村庄数字治理需求的分类研究，基于村庄空心化程度、产业结构、资源环境条件、历史文化等特征，挖掘各类村庄在农业生产、产业融合、民生保障、集体经济发展、环境保护等领域的治理需求，因地制宜采取区域差异化的数字技术供给策略，实施将通用模块和个性化模块设计相结合的平台建设理念，保障技术供给始终接地气、合民意。需加大对老年群体、低收入群体和残疾人群体的数字技术帮扶，推进智能手机、数字 App 用户端、金融助农机具和公共便民服务机具等的适老化改造，为经济困难群体提供智能设备支持，采取群体差异化的数字技术供给策略，最大限度地保障不同群体接入数字技术的平等权。需从税收减免、信贷倾斜、贴息补贴等方面加大对社会资本投入乡村数字治理的财政和金融支持，创新政府和社会资本的合作模式，构建多元主体联动投资的乡村数字技术供给格局。

二是把握好工具理性和制度理性的关系，推进乡村治理领域数字化和人本化的统一。以乡村“智治”促进“自治、德治、法治”有机融合，需改变对数字治理工具理性的过度追求，打破对其过度行政化与技术化的价值取向，提升数字治理的社会性和人文性，实现数字治理由科层化、碎片化、粗放式向社会

---

① 张树华，王阳亮．制度、体制与机制：对国家治理体系的系统分析［J］．管理世界，2022（1）：107－118.

② 苏岚岚．数字治理促进乡村治理效能提升：关键挑战、逻辑框架和政策优化［J/OL］．农业经济问题．https：//doi.org/10.13246/j.cnki.iae.20230928.001.

化、整体性和精细化方向发展，适度缓解基层治理的数字化压力，释放村民自治的合理空间。需着眼长远、树立正确的政绩观，加强自治组织创新、建立容错纠偏机制，注重以数字技术应用解决乡村治理实际问题，围绕促进民主管理、民主决策和民主监督赋能乡村自治实践，围绕弘扬真善美、强化村规民约软约束赋能乡村德治实践，围绕知法、守法、用法赋能乡村法治实践。需摒弃片面强调移动应用 App 下载量、注册量、点击量、浏览量等数量指标的绩效考核制度，将实际问题的解决程度、长期用户活跃度、用户满意度、平台应用可持续性等质效指标纳入考评体系，完善以人为本的激励机制。

三是把握好精英引领带动与大众充分参与的关系，加快构建多元主体共建共治共享的乡村数字治理格局。需进一步健全村干部选拔机制、完善乡村经济精英的激励机制，充分发挥乡村各类精英群体在乡村数字治理实践中的引领带动作用。需进一步完善村庄集体行动和村民有序参与机制，通过完善数字接入条件、拓展应用场景，降低农民参与成本、提高参与深度，充分激发包括流动人口在内的农民群体参与乡村数字治理的积极性和创造性，并以村民议事会、恳谈会等为载体，加快重塑村庄共同体，着力增强广大农民的主体性意识和村庄认同感。需多渠道开展面向村干部和普通农民的数字素养与技能培训，依托网格员、信息员推进数字治理进村入户，并加大对弱势群体使用数字技术的社会帮扶，加强年轻子女对老年群体的数字反哺和代际支持，以保障不同群体享有参与乡村数字治理同等的权利和机会。需将本土培育和外源连接相结合，持续推进高素质农民培育，发展壮大乡村各类能人群体，盘活用好“田秀才”“土专家”的数字化能力。同时，鼓励引导有创业意愿和创业能力的农民工、大学生、退役军人等人员返乡入乡创业，加大土地、资金、技术等方面的政策倾斜和配套保障，着力破解乡村数字治理的人才瓶颈。

四是把握好线上治理与线下治理的统一关系，构建线上线下高效互促的治理格局。需进一步厘清乡村数字治理的路线图和时间表，分类分阶段推进乡村治理场景的数字化，对于乡村治理中的党群教育、村务管理、民主监督、公共安全、环境治理等村干部和群众需求普遍较高的场景可着力推进数字技术和平台的嵌入，对于村庄选举、纠纷处理、财务管理与收益分配等群众敏感性较高领域审慎推进数字化。需加强线上线下治理有机融合的顶层设计，推进线上智能化和线下网格化的双轮驱动，强化服务内容的衔接、服务标准的统一，完善线上线下同频共振的监督管理机制。需持续优化村务管理与政务服务流程、改进服务体验，加强跨部门、跨层级、跨区域的业务协作，促进线上治理“精度”和线下治理“温度”的统一。

五是把握好数字乡村治理和智慧城市治理的关系，着力提高数字城乡融合发展的速度质量和效益。需立足城镇化发展阶段和乡村发展类型，加强 5G、大数据中心、人工智能、区块链等新型基础设施建设的统筹规划和有机衔接，尤其注重补足偏远乡村、发展滞后乡村的数字基础设施短板，在智慧交通、智慧物流、智慧环保等方面加强县域内统一调度管理和维护升级。需采取政企合作、校企合作等方式，引导高校、职业学校及企业等主体，发挥城市专业教育和职业教育的资源优势，加大农村数字技术实用人才、复合型管理人才的培育力度，并加强城镇居民对农村居民的数字反哺。需统筹推进县域政府职能部门、金融机构、企业等主体之间的常态化沟通协作，出台推进城乡数字治理与公共服务平台有机衔接及完善数据资源整合共享、开发利用的具体方案，并依托产业融合发展和市场主体创新创业赋能，持续激活数字城乡融合发展的内生动力。

六是把握好乡村数字治理与数字经济的关系，着力实现乡村数字治理与数字经济发展的协同互促。需加快数字技术在农产品加工、物流、销售等全产业链的深度应用，持续完善农业产业链数字化发展的联农带农机制和农民有序参与机制，充分调动农民应用数字技术和平台的积极性和能动性，不断提升乡村数字经济发展的惠民程度。需高质量推进农村“三资”管理、积分制治理、产权交易事务、生态环境智能监测等大数据平台建设，并以涉农信用信息数据归集和数字化信用体系构建为切入点，统筹推进电商物流、农产品供销交易、涉农供应链融资、智慧农业管理等农业产业数字化平台与乡村治理及公共服务平台的功能整合和服务升级。需聚焦和美乡村建设和农民多维福利改善，提高乡村在土地、劳动力、资本等方面治理决策的科学性、精准性和高效化，优化各类生产要素的配置结构和效率，为数字经济新业态、新模式发展提供高效支撑。

七是把握好数字治理与数据治理的关系，着力强化数据要素治理、赋予乡村数字治理新势能。需建立国家及地方大数据中心、涉农部门、网信部门等的联席工作机制，推动形成政府主导、金融机构和社会资本广泛参与的域内大数据协同治理模式，根据政务、征信、产业、社会保障等不同治理平台和应用系统的数据类型，从制度法规、标准规范、数据安全与隐私保护等方面完善各类数据产权界定、流通交易、安全维护、价值开发机制，不断优化数据治理的生态。需建立完善省、市、县（区）三级大数据中心的运行机制，树立数据全生命周期的治理理念，统筹数据采集、质量控制、动态维护、开发利用，全面提升区域数据治理能力，分级分类推动对非涉密数据的公开和共享。需将土地、劳动力和资本等传统生产要素的治理以及各类组织治理同数据要素治理有机融合，因地制宜开展数字化积分制治理、推动迭代升级，以数据要素价值开发推动乡村数字化信用体系转型、重塑组织运作模式以及生产要素配置结构，加快健全完善大数据辅助乡村治理决策的机制。

（五）垣曲县长直乡：数字助推乡村治理“跑入快车道”

智治乡村，不外心中有“数”。

近年来，垣曲县长直乡以数字技术应用为载体，搭建多个科技平台，完善信息上传和动态更新等配套制度，让数据“开口说话”，让信息“长腿跑路”，为新时代“枫桥经验”装上“数智大脑”①。

通过与手机运营商、科技公司合作，融合“数字乡村”“智慧乡村”“平安垣曲”“雪亮工程”平台功能，为乡村配备大疆无人机，形成了覆盖乡村两级，集管理、服务、监督等功能于一体的数字化体系，初步实现了对乡村生产、生活、生态发展态势的动态掌握，大幅提升了乡村治理效能。

开发数据平台，造好基层治理“高速路”。为解决“数据不精准、群众诉求难”的问题，长直乡依托乡村三级网格队伍，实现“全信息”精准入网。按照“不漏一户，不落一人”的工作要求，将辖区常住人员的基本信息、职业类别、服务类型等59项重点数据分类统计，由网格辅助员收集整理，专职网格员和村信息员审核汇总后，上传终端数据库。数据库建成后，网格员和网格长按层级权限在数字乡村App上进行日常数据的更新维护，形成信息的动态更新，确保信息库的准确。

精准分析数据，找准乡村治理“靶向点”。在信息数据完成收集、汇总、上传后，村、组干部利用各数据平台功能实时、远程、精确地进行村情民情的监督管理。在秋收时节，前端将各居民组信息投送至数据后台，形成3D资源地图，利用“雪亮工程”的监控摄像头，对占用公共道路进行农作物晾晒的村民进行精准提醒；在日常巡查中，利用无人机定期对河道安全、秸秆焚烧、违规放牧、企业违规作业、地质灾害点等进行巡查，做到主动作为、及时发现、证据留痕。同时，利用无人机巡航补充“雪亮工程”监控盲点，实现了由高清

① 资料来源：https：//mp. weixin. qq. com/s/bD7Y4cCw _ 53C5K0vGI56bg.

摄像头、无人机航拍和网络数据控制中心等组成的监控体系，切实对重点区域完成全天候监管，将原先大量、烦琐步骤压缩到一至两小时以内完成，大大提高了工作效率。

巧用数据交互，做好乡村生活“勤务员”。在“数字乡村”App中加设“有事我帮您”模块，村民在生产生活中遇到的问题、诉求可以在App中进行线上上传，在接收到群众诉求后，村级数据中心按照申请人所在居民组或者反映问题类型迅速投送至相关工作人员进行解决问题；村民在微信公众号通过“天翼数字乡村”可以实时查询政策制度、村务、党务、财务等乡村信息；在“平安垣曲”中，打破手机App、桌面网页、企业微信之间数据传输壁垒，网格员对各自网格内发生的事件一键上传，通过指尖完成网格事项的分流转办；乡综治中心利用“平安垣曲”和企业微信对网格员上报事件进行数据分析研判，生成分析报告，为乡、村两级干部开展工作夯实数据支撑。

创新智慧平台，做强产业发展“倍增器”。在乡村振兴的进程中，长直乡强化科技引领，实现产业乘“数”而上，加“数”前行。在西交村引进的食用菌产业园项目中，长直乡针对“产业科技弱、管理水平低”的问题，确定以物联网、大数据、云计算、人工智能和第五代移动通信网络为基础和方向，积极推进室外农业环境监测站、大棚环境监控系统、农事管理记录终端、智控卷膜、智控喷滴灌系统等软硬件设施建设，着力打造集菌种培育、智能管理、精细加工、品牌销售于一体的食用菌产业科技园，力争形成产业集群效应，把食用菌打造为地域特色产业名片，为乡村治理贡献长直范本。

（六）萧山区楼塔镇：数字化乡村治理的楼塔样板

一款名为“美美大同”的乡村数字治理小程序在杭州市萧山区楼塔镇悄然上线，它融入了全镇人民的生活，并逐渐成为全体楼塔人的一种生活方式。“美美大同”取自费孝通先生的名言“美美与共，天下大同”，象征着融合、富足、共生。楼塔镇与时代脉搏同频，借鉴中国传统文化“大同世界”的愿景，运用数字技术，展开了一场乡村现代治理的创新改革及实践。“美美大同”虽然是一款小程序，做的却是一篇乡村治理的大文章①。

随着全省“千万工程”的纵深推进，一个个美丽乡村如雨后春笋般涌现，如何让“很美”成为“恒美”，萧山区楼塔镇从着眼于美丽乡村长效管理目标

---

① 资料来源：https：//mp. weixin. qq. com/s/5t0llwkpd4dUR7RXrW0eGg.

出发，自主开发了“美美大同”乡村数字治理系统。从乡村治理中提炼出与村民日常生活密切相关的十大场景，即“学法守法”“家庭和睦”“邻里友善”“移风易俗”“我爱我村”“垃圾分类”“美丽庭院”“门前三包”“平安守望”“义务奉献”，并以徽章命名。徽章分铜、银、金三级，以向日葵形图案呈现在手机端。徽章可以授予也可以摘除，可以升级也可以降级，有奖也有罚。“仙岩币”则是积分制形式，村民可以用其在村内商铺兑换商品。徽章是授予家庭的荣誉，而积分可兑换物质奖励，形成“仙岩币＋徽章”精神和物质双重激励机制。该系统于 2021 年 6 月 1 日在大同三村上线试运行，次年 4 月完成全镇推广，覆盖户数 7 130 户，覆盖率 98.89％，认证激活率为 98.22％；每天 3 200多户家庭活跃在线上，活跃率达 44.94％。线下评出美丽庭院 692 个，开展平安巡防 2 103 次，参与义工 7 821 人次。系统经 4 次迭代升级，功能更完善，界面更清晰，已经成为群众爱用、干部管用的数字治理工具，并在持续迭代和深度应用中积累了一整套的精细化运营方法。

“美美大同”吸引了众多村民参与，潜移默化地改变着村民的生活习惯，深度影响了村民的价值取向。在乡村治理中普遍存在但难度较大的一步就是“看的人多，做的人少”，在该系统进行场景、规则设计时，均突出村民群众在乡村治理中的主体地位，把参与权与评判权完全交给村民。只要一参与，治理便进行，参与有形，治理无形。培养良好家风。家庭是社会的细胞，通过“和睦家庭、我的好邻居”评比，增强家庭荣誉感，促进培育“子孙孝、夫妻合、婆媳好、邻里和”的良好家风。积小治为长治。“美美大同”数字治理系统循序渐进，激发村民内在向善之心，将“要我做”转化为“我要做”，每天进步一点点、争取多一个人参与，从家家治到全村治、从村村治到全镇治，持之以恒，小治终成长治。

楼塔镇“美美大同”乡村数字治理系统是新时代乡村治理模式改革创新，实现自治、法治、德治、智治融合的成功实践，也是乡村治理现代化的体现。“自治”为基。“美美大同”好比戏台，演员是村民。如“我爱我村”徽章板块里，村民以“美丽观察员”身份，提交环境卫生、安全隐患等各类观察记录 5 711条，大部分能当场处理，长效地保持了村庄环境整洁。“法治”为本。“学法守法”徽章板块里，将与农村生活密切相关的土地、邻里、物权、婚姻等法律知识编写成案例题型，手机上每日学法一题，日复一日地答题中，村民在增长法律知识的同时也增强了法治意识。“德治”为先。在“移风易俗”徽章板块中，村民将身边的好人好事写成美德事迹发布到美德榜，传播满满的正能量，这种以群众宣扬群众、以群众传播美德的形式，浸润的是人的心灵，融洽的是人与人的关系。“智治”为力。数字治理打破传统治理的时空限制，村民的参与变得随时随地、每时每刻，其参与全程记录、机会更加均等，治理成本更集约。

“美美大同”数字治理系统上线以来，在楼塔镇的乡村和村民之间产生了显著的效果，一些乡村自古以来的陋习逐渐消失，一幅家庭和谐、邻里和睦、环境整洁、互爱互助的和美画卷徐徐展开。

二、“互联网+”在乡村的应用

推动数字经济更好服务和融入新发展格局，要提高全民全社会数字素养和技能，夯实我国数字经济发展社会基础。数字乡村建设为未来乡村发展描绘出一幅数字强农、数字富民、数字治理的生动画卷。从目前数字乡村建设的发展来看，要坚持用马克思主义中国化的科学理论引领数字乡村建设实践，加大乡村数字化理论研究力度，进而推动数字乡村建设的快速发展。数字乡村建设从国家层面已经开始着手试点实践，探索数字化乡村建设的可行性和发展成效。从浙江、广东、河北等地建设实践来看是成功的，是值得推广和借鉴的，也为实现农业农村现代化和乡村振兴提供了案例遵循。数字乡村建设将长期伴随社会主义现代化建设与发展，对数字乡村建设的研究与实践任重而道远①。

加快建设农业强国，扎实推动乡村产业、人才、文化、生态、组织振兴”②。“互联网+”战略的出台促使互联网思维渗透到农业产业链的产前、产中、产后等各个环节。

（一）互联网思维与互联网经济

2015 年 3 月 5 日上午，在第十二届全国人民代表大会第三次会议上，时任总理李克强在政府工作报告中首次提出“互联网+”行动计划，并提出“制定‘互联网+’行动计划，推动移动互联网、云计算、大数据、物联网等与现代制造业结合，促进电子商务、工业互联网和互联网金融健康发展，引导互联

① 雷焕贵．弥合城乡数字鸿沟：乡村振兴进程中数字乡村建设实践路径研究［J］．新视野 2023（6）．

② 郭晓鸣．乡村振兴战略的若干维度观察［J］．改革，2018（3）．

网企业拓展国际市场”。自此，“互联网＋”这一概念迅速响遍了大江南北，成为互联网经济甚至是国民经济建设的一个新风口。

随着“互联网＋”战略的提出，互联网与传统产业融合更加紧密，传统产业纷纷转战互联网电子商务，电子商务行业必将迎来新的增长点。电子商务在众多行业已经是以“颠覆者”的形象出现，传统的消费观念、物流体系、金融模式、人才结构等方面受到了电商的强烈冲击，传统的商业规则正在被逐渐改写，也极大地改变了传统的经营管理理论。

1. “互联网＋”

“互联网＋”是指利用互联网和移动互联网的平台，把互联网和各行各业结合起来，从而创造一种新的社会生产和经营的生态，它代表一种新的社会形态。基于移动终端的电子商务，有着移动性和智能化的特点，同时也产生了不同于传统互联网行业的思维形式。

2. 互联网思维

成功的新时代企业家都自觉或不自觉地进行了思维模式的转变，顺势而为，于是成为移动互联网时代的弄潮儿。思维模式的转变，对于处在新旧时代转换过程中的行业和企业管理者来说是极其痛苦的，但也别无选择，因为当新时代来临时，生存状况与生存质量往往不取决于是否转变，而取决于转变得有多快。这些创新的思维包括用户思维、简约思维、极致思维、迭代思维、社会化思维、大数据思维、跨界思维、创新思维和竖屏思维等。

（1）用户思维。互联网打破了信息的不对称，使得信息更加透明化，用户也获得了更大的话语权。在新的形势下，企业要在更高层面上实现“以客户为中心”，而不是简单地听取客户需求和解决客户的问题，更重要的是让客户参与商业链条的每一个环节，从需求收集、产品构思到产品设计、研发、测试、生产、营销和服务等，汇集用户的智慧，这样企业才能和用户共同赢得未来。互联网思维的核心就是用户思维，产品设计、极致用户体验和口碑传播等都离不开用户的参与。但用户参与并不是简单地建设社区和论坛，而需要整个企业的管理模式、研发模式和技术架构等都适应这种新的模式。

用户思维是互联网思维的核心，其他的互联网思维都是在用户思维基础上进行延伸。所谓用户思维，就是在价值链的各个环节都要以用户为中心考虑问题，顺应消费者主权时代的要求。

用户思维的法则如下：大众经济大众人群是互联网的主流。互联网经济实际上是一种“长尾”经济，市场必须关注“长尾人群”的需求。网络上的大众人群从“60后”到“00后”不等，他们是互联网时代具有鲜明个性化色彩的众多个体，虽然这些个体单个消费能力不强，但通过互联网的聚合效应就会产生极其强大的消费能力和影响能力。现在诸多成功的互联网公司在做产品和服务市场定位的时候，并没有盯着所谓的“高大上”人群，而是抓住了“大众群体”“草根一族”的需求。

用户全程参与。在互联网时代，每个消费者都可能和素未谋面的其他消费者在某个购物社交网络中相互交流，分享他们的消费主张，形成一种消费社群，他们渴望参与供应链上游活动（如采购、设计甚至制造）的决策。因此，用户需要什么，企业就应该提供什么。用户需要的是参与感，企业就应该把这种参与感传递到位。参与感是用户思维的重要体现之一，包括两个方面：让用户参与到产品的研发与设计中，实现用户产品个性化定制；让用户参与到品牌建设中，实现“粉丝经济”。

用户体验至上。用户体验是一种纯主观的感受，是用户在接触产品或服务的整个过程中形成的综合体验。好的用户体验一定要注重细节，并且贯穿于每一个细节，这种细节一定要让用户感知到，并且超出用户的预期，为用户带来惊喜。把用户体验管理制度化，作为重要的考核指标，这种做法值得很多传统企业借鉴。

（2）简约思维。大道至简，越简单的东西越容易传播，也越难做。专注才有力量，才能做到极致。尤其在创业时期，做不到专注，就没有可能生存下去。在产品设计方面，要做减法。外观要简洁，内在的操作流程要简化，这就是互联网时代的简约思维。苹果产品的外观、特斯拉汽车的外观，也都遵循了这样的设计。简约即是美，品牌定位也要专注，给消费者一个选择你的理由。简约思维在互联网时代代表了企业在开发产品和服务上所展现的素养和修为，它包括三个要素：看起来简洁、用起来简化、说起来简单。简约意味着人性化，是人性化最基本的内容。例如，微信“摇一摇”功能，其界面就足够简约，没有任何按钮和菜单，也没有任何其他入口，只有一张图片，这张图片只需要用户做一个动作，就是“摇一摇”。这个动作非常简单，不用做任何学习，也不用在界面里做任何的文字解释。很多产品经理喜欢在程序里加一些使用技巧提示，觉得这是一个很好的教育手段，可如果需要用这些使用技巧去教育用户，就证明你已经失败了，因为你没有办法通过功能本身让用户一看就知道。

（3）极致思维。极致思维，就是把产品、服务和用户体验做到极致，超越用户预期。只有把用户体验做到极致，才能真正赢得消费者、赢得人心。媒体人罗振宇做的自媒体“罗辑思维”就是互联网极致思维的一个代表。每天早晨6点半，发微信语音消息，且每段都是60秒。为了做到形式上的统一，每次要录10多遍才能录成，这就是一种死磕精神。“选择早上6点半发有两个原因：第一个，我要抢上全国人民上厕所的时间，我希望争取到第一个你开始需要阅读、需要内容的时间。第二个，绝大部分媒体记者做不到像我这样连续一年，每天早上6点起床，这是极苦的事情，这种死磕是为了唤醒尊重。”好产品会说话，所有的公司都有顾客，优秀的公司有用户，而最优秀的公司则有一群会说话的粉丝，粉丝就是好产品的代言人。

(4) 迭代思维。任何事物经过几次迭代之后就会蜕变成新的事物，这一方法在移动互联网时代被称为迭代思维。迭代思维的核心，首先是在最短的时间内将产品推出，之所以要运用迭代思维，就是要通过快来解决问题，快是迭代思维的根基；其次是以最小的成本推出产品的思维。迭代不仅是一种产品开发模式，更是一种思维方式，无论是互联网的创业者，还是传统企业的掌舵人，都要具备迭代意识。迭代思维的本质是及时乃至实时地把握用户需求，并能根据用户需求进行动态的产品调整。迭代思维也被称为快一步思维。它的内涵：首先是在最短的时间内推出产品；其次是以最小的成本推出产品。例如，美图秀秀之前只有PC版本，开发手机端版本时，由于时间紧急、人手不够，导致产品非常简陋，但是在合伙人的反复催促下，美图秀秀CEO吴欣鸿还是将手机版迅速上线了。刚上线美图秀秀手机版时，吴欣鸿看到其并不完美的相片处理效果，心里很难受，但用户反馈很快抚慰了他，他发现人们渴望一个能够修饰自己相片的软件，至于修饰细节有多完美，由于当时市场上没有同类产品，所以用户尚不太在意。

大众点评网最开始也并不完善，就是用一周时间做的一个简单的网页，并租了一个几百元一年的服务器，核心是围绕怎样培养用户写点评，这是最初的、最简化的、可行的产品。大众点评网在上海开拓了大约一年，反响还不错，然后才开始开拓其他城市，用了大半年的时间开拓了北京和杭州，这两个城市通过同样的方式进行开发，比较成功，证明这种模式是可行的。所以，大众点评网后来又逐渐覆盖了更多的城市，在产品类型上也从餐馆发展到休闲娱乐和购物等。因此，迭代不仅是一种产品开发模式，更是一种思维方式，无论是互联网的创业者，还是传统企业的掌舵人，都要具备迭代意识。迭代思维的本质是及时乃至实时地把握用户需求，并能根据用户需求进行动态的产品调整。

（5）社会化思维。社会化思维是指组织利用社会化工具、社会化媒体和社会化网络，重塑企业和用户的沟通关系，以及组织管理和商业运作模式的思维方式。互联网在带来技术革新和生活革新的同时，在某种程度上也有一种“返祖”的特性。它在让传播变得无比简单的同时，还让每个人的亲缘、地缘关系借助互联网的力量，层层相扣，变成无数的同心圆，范围被扩大了，单个人的声音最多只是表达，只有当无数个声音可以自由地表达时，它才会汇聚成一股力量，成为一种权力。公开透明的网络环境和无成本的传播方式，使消费者的权利得以生成商业民主化才有可能，这也体现了社会化思维在移动电子商务中的营销威力。社会化媒体和网络带来的变革，不仅能够给沟通模式带来新突破，而且会进一步改变企业生产、研发、客服等各个环节，甚至重塑企业的组织管理和整个商业运作形态。

（6）大数据思维。大数据又被称为巨量资料（BigData），从海量数据中“提纯”出有用的信息，这对于网络架构和数据处理能力而言也是巨大的挑战。大数据实际上是营销的科学导向的自然演化。大数据思维有三个维度：定量思维，即提供更多的描述性信息，其原则是一切皆可测。不仅销售数据和价格这些客观标准可以形成大数据，甚至连顾客情绪（如对色彩和空间的感知等）都可以测得，大数据包含了与消费行为有关的方方面面。相关思维，即一切皆可连，消费者行为的不同数据都有内在的联系。这可以用来预测消费者的行为偏好。实验思维，即一切皆可试，大数据所带来的信息可以帮助决策者制订营销策略。

在大数据时代，数据已经成为企业的重要资产，甚至是核心资产，数据资产及数据专业处理能力将成为企业的核心竞争力。在这个信息化不断深入的年代，企业的采购、生产、销售和运营等一切活动都会在数字空间留下痕迹，商流、物流和资金流最终汇集为数据流，沉淀为企业的数据资产。这些沉淀的数据蕴含了改善企业经营、优化商业模式、拓展业务疆界的一切信息。只要善加利用，就能把数据变成“闪闪发光的黄金”。

（7）跨界思维。跨界指突破原有行业惯例，通过涉足其他行业产品或服务的全面创新而实现价值跨越的企业/品牌行为，它能让一个企业通过转换生存空间而大放异彩，能让一个品牌在相对较短的时间内超越竞争对手。在大互联网时代，所有传统产业都将面临两层竞争：第一层是传统产业机构与跨界者之间的竞争，大量借助互联网和大数据的跨界者纷纷侵占传统产业的领域；第二层是传统产业内部的大企业与中小企业、全国性企业与区域性企业之间的竞争。跨界，应该是现在互联网上谈论最多的思维模式，从最开始的苹果公司跨界进入手机行业，腾讯从社交软件界跨界进入语音通信领域，到现在如火如荼的互联网金融，都让人们领略了跨界思维的巨大革命力量。

（8）创新思维。创新是企业生存和发展最重要的战略要素，是企业软实力的重要内容。忽视创新的企业是难以长久的。移动互联网是一个完全开放的市场，成为经济发展的新平台。在这个无边界的平台上，可以打破国界，与全球的网民进行交流和共享，你的建议或许能帮助企业走出困境，你可以在互联网上享受各种各样的服务，如网上购物、游戏、交友、发微博和看视频等，同时，互联网的草根性文化使广大网民在互联网创新中发挥着重要作用。移动互联网也表现出巨大需求，吸引了众多企业的进入，这使得移动互联网市场的竞争更加激烈。

互联网自诞生以来，呈现出快速发展的态势，成为推动国民经济健康发展、应对金融危机的重要力量。移动互联网快速发展为企业带来了无限商机，只有具有创新能力的企业才能更好地发展，并成长为市场的领导者。

随着互联网，尤其是移动互联网应用的发展，创新无疑已经成为制胜的关键。创新是移动互联网的精髓、灵魂与精神，也是推动移动互联网高速增长的核心动力。移动互联网的创新来源于对需求的精准把握，来源于企业具有的创新精神，来源于互联网的草根文化，来源于对移动互联网规律的深刻认识。移动互联网创新不是把原来的东西推倒重来，而是在原有的基础上创造新东西，丰富互联网服务，创造更多价值。价值创新是移动互联网创新的灵魂，是移动互联网创新的本质。只有不断为客户、产业链合作伙伴和社会创造价值，移动互联网企业才有立足之本。因为有了创新，才会不断吸引越来越多的网民，业务发展才会得到广大网民的支持，平台建设才有坚实的基础。

创新是移动互联网产业发展的一个必然且永恒的主旋律。奇虎360董事长周鸿祎对互联网创新的定义是："与众不同、特立独行，做别人做不到的事情，想别人想不到的方法，不仅仅是技术上的，还有商业模式、产品模式以及用户模式都可以创新。"的确，移动互联网创新不仅是产品创新、技术创新，更多的还包括商业模式创新、平台模式创新、用户模式创新、盈利模式创新、营销创新、机制体制创新、文化创新和运营模式创新。从苹果、谷歌、腾讯、Facebook、奇虎360、百度等成功的互联网企业来看，它们的共同特征就是持续不断的创新。

苹果的成功是因为其客户体验创新、"终端＋应用"商业模式创新以及打造软硬件结合的创新氛围；谷歌的成功在于具有独具特色的创新文化、以关键性技术突破驱动的技术创新、以免费为特征的商业模式创新、以打造核心应用为基础的应用创新；腾讯的成功在于推进价值创新，从而实现从模仿到创新，最终实现超越；Facebook 的成功在于用户模式的创新和打造开放平台模式的创新；奇虎 360 的成功在于专注的创业精神和免费的商业模式；百度的成功在于打造以工程师文化为特征的创新文化、以搜索为核心的技术创新和实行以免费为特征的盈利模式创新。

移动互联网快速发展创造了巨大商机，我国移动互联网市场远未达到饱和状态，每个细分的领域仍有很大的空间可待开发，移动互联网是一片巨大的“蓝海”，而且随着互联网技术与应用的快速发展，新领域会层出不穷。机会对于任何企业和个人都是平等的，只要善于把握机会，强化创新，就必然能闯出一片新天地。推进创新，实现创新发展，企业需要做到以下几点：制定具有挑战性的愿景和目标，并坚持不懈；深入洞察客户的需求和消费行为；推进创新文化建设，打造优秀的人才队伍；不断学习，做正确的事、正确地做事，提高执行力；坚持平台经营，实现商业模式创新。

当前，互联网的飞速发展，尤其是移动互联网的发展更是迅猛，成功的模式必将有众多的模仿者，企业要持续保持竞争优势，稍有松懈，就会有被抛弃的隐忧。所以，在当前的市场环境下，只有创新才能生存，只有创新才有发展。超凡的创新力是移动互联网企业生存与发展的有力保证。“不创新，就死亡”这句流传业界的铁律，不仅说明了市场竞争的残酷，也道出了移动互联网企业生存的根本。成功的企业是率先做出大胆尝试且创新求变的企业。

（9）竖屏思维。移动互联网普及的表现形式是从电脑时代到智能手机时代的变迁，这个过程实在太快，导致移动互联网全行业水土不服。绝大部分移动互联网的信息生产者（不仅仅是电商业界），还沉浸在电脑时代学会的那一整套思维习惯、审美标准、设计准则和工作流程之中，用旧时代的方法应对新时代的问题。竖屏思维旨在改变这种视觉营销思维定式，设计制作符合用户在手机小屏和竖屏碎片化阅读模式下能快速准确获取信息的视觉页面，切实提高设计效率、提高手机端流量的转化率。

认识手机屏和用户习惯。从电脑过渡到手机，是从大面积横屏到大像素小屏幕，像素密度为电脑的 3 倍以上，视觉模式发生很大变化。用户阅读也发生很大变化：随时随地碎片化阅读，阅读常态是跳读、瞟读、瞄读等浅阅读模式。

竖屏思维应对方法有：针对手机端直接设计视觉沟通，不是从电脑端迁移；养成设计竖起来的习惯，除了商品详情图需要竖屏，日常发朋友圈、发微博时尽量把手机竖起来拍照，能用竖屏的就坚决不用横屏；内容生产过程以高像素手机竖屏为基准；采用纵向构图，即根据手机屏形状来构图，合理利用屏幕空间，能使主体布满整个屏幕，展示面积变大3～4倍。

3. 互联网经济

互联网经济是互联网技术与经济实践深度融合形成的，以现代信息技术为支撑、以新经济学理论为理论基础的，一种新市场经济业态和新经济运行方式。粉丝经济、共享经济、网红经济、社群经济是互联网经济典型的表现形式。

（1）粉丝经济。泛指在社交网络时代，架构在粉丝和被关注者关系之上的经营性创收行为，通常情况下有着较高知名度的明星、偶像和行业名人是社交平台上被关注的热点，并因此有着很高的经济价值。企业粉丝是一群认同企业价值观，对企业的品牌、产品甚至企业的一切充满期待和热情的用户。例如，在手机市场中，每个手机品牌都致力于培养一大批粉丝：iPhone手机有果粉、华为手机有花粉、小米手机有米粉等。

（2）共享经济。可称为分享经济、点对点经济、功能经济、协同消费等，是指利用互联网等现代信息技术整合、分享海量的分散化闲置资源，满足多样化需求的经济活动总和。不管是国外的Uber、Airbnb，还是国内的共享单车、滴滴出行等，这些被称为共享经济的模式都有一个共同的特点，那就是这些公司从一开始就具有强烈的核心平台倾向。共享经济需要超强的核心平台，是互联网从去中心化向强中心化的高度转型，没有超强核心的共享经济不可能是健康的共享经济。共享经济的发展是对社会治理与网络平台管理能力的巨大挑战，要想让互联网经济健康长久地发展，共享是必然趋势。

（3）网红经济。网红，即网络红人的简称，是指在现实或者网络生活中因为某个事件或者某个行为而被网民关注从而走红的人。“网络红人”的产生不是自发的，而是在网络媒介环境下，是网络推手、传统媒体以及受众心理需求等利益共同体综合作用的结果。网红主要分为三代。第一代是文字时代的网络红人。这是最早的网络红人，属于文字激扬的时代培育的网络红人，他们共同的特点是以文字安身立命并走红。第二代是图文时代的网络红人。当互联网越来越宽，进入了宽频时代，网络歌曲的流行也是宽频时代网络红人到来的显著特征。

粉丝经济出现得比网红经济要早，在娱乐化时代处于雏形阶段的20世纪末期，粉丝经济就已经孕育而生。不过在那时，其规模并不太大，发展模式也比较单一。那时的粉丝经济是建立在以售卖明星周边产品为主要经营思路基础上的。随着互联网的普及与发展，粉丝经济与网络之间建立了潜移默化的关联，在互联网普及期，网络作为粉丝经济中的一条新兴宣传渠道被广泛运用。通过互联网的宣传，明星与粉丝之间的距离被拉近，如在各大门户网站的娱乐频道，就充满了与明星有关的信息内容，再加上网络音乐的兴起等各种综合因素，这些都对粉丝经济的发展起到了推动作用。然而，即使如此，粉丝经济仍旧以旧有模式为中心，其粉丝变现的渠道与模式没有发生根本性的改变。

进入21世纪后，互联网在技术层面的发展越来越快，新网络平台的不断出现造就了互联网商业模式的不断创新。同时，手机的性能越来越好，各种美拍技术越来越精致，加上市场竞争下的电信宽带价格低廉化，视频直播的门槛已经降得非常低，人人都可以直播，随时随地都可以直播，这就意味着人人都有成为网红的可能性。而且商业模式不断成熟，网红聚集大量粉丝后，可以通过电商、广告、打赏、付费服务、线下活动等变现，拥有了比较完整的商业链条。由粉丝衍生而来的粉丝经济无疑成了推动网红现象加速发展的主要力量，而“互联网＋文化”则为这种速度又增加了另外一种加速度。以网络大电影、网络游戏等互联网产品为主要载体的产品形式开始出现，并逐渐走入了人们的生活。此时，粉丝经济在模式上也开始有突破迹象。当电子商务与新媒体社交平台被用户广泛使用后，粉丝经济在互联网上迎来了新的形式，即网红经济模式。

（4）社群经济。说起社群经济，很容易联想到小米、微商、罗辑思维等依靠社群成功的案例，事实上，社群经济在互联网经济中早已存在。从本质上来说，社群经济也是一种粉丝经济，但又不止于粉丝经济。当社群变得无所不在，当社交成为随时随地的生活状态，当线上社交和线下生活能够实时打通，社群就彻底改变了原有的传播逻辑、社交方式、商业规律和营销生态。以社群互动为核心的社群经济迅速崛起。社群经济，是继农业经济、工业经济、服务经济、体验经济之后，融合了当下时兴的网络经济、信任经济、粉丝经济、共享经济的显著特征，出现的全新的经济形态和商业生态。社群内通过信息互换、成员互动而丰富生活内容，进而由资源交换产生商业活动，当社群活动大到一定规模时，其推动的广泛商业活动便成了社会经济活动。社群经济不同于以往的经济模式，它有着自己独特的经营方式。

不仅如此，社群经济的一大创新点就是引入第三方战略合作伙伴。虽然从免费用户处不能获得直接收益，但是为用户提供免费服务有利于增加流量，吸引第三方企业的投资。这种模式也被称为“双边市场模式”。淘宝在成立之初通过免费的手段吸引了大量注册用户和商户，取得了较大的市场占有量，但是其盈利情况并不乐观。后来淘宝探索出一条与第三方战略合作伙伴——广告商进行合作的盈利模式，颠覆了传统的商业模式。但是这种商业模式本身存在缺陷。这是由社群经济对于社群依赖程度较大的特点决定的。

互联网时代的社群，是由一个个感性的社会人，基于不同的动机、需求，自主创建或自发形成的社群。不同的社群具有不同的定位和性质。如今在移动互联网时代，主要存在五种社群，即产品型社群、兴趣型社群、品牌型社群、知识型社群和工具型社群。移动互联网时代的社群的传播特性，对于整个商业运行过程，包括生产、营销、消费多个环节，都产生了变革性的影响，形成了全新的商业模式，即内容流量导入，企业皆媒体；社群流量沉淀，关系皆渠道；商业流量变现，环节皆体验。

（二）互联网市场推动乡村资产转化为互联网资本

发展经济学高度重视资本的重要性，纳克斯的“贫困恶性循环”理论、纳尔逊的“低水平均衡陷阱”理论、缪尔达尔的“循环累积因果关系”理论均认为，一个地区长期收入低或长期经济发展落后的根源在于资本匮乏或投资不足[①]。新中国成立后很长一段时期内我国都实行城市偏向政策，改革开放以来在市场机制作用下农村要素不断向城市聚集，由此导致农村发展基础相对薄弱。当前乡村振兴建设面临的“缺钱”困境主要体现在乡村基础设施建设、乡村产业发展、农业现代化改造以及乡村有效治理等方面。

乡村振兴“缺钱”困境实质是资本匮乏问题。“资本”是凝聚以往投入形成的、具有市场进入机会因而能够通过市场获益的资产[②]，其内涵可概括为：首先，资本是一种资产（要素）；其次，这种资产要有市场进入机会；最后，这种资产能够在市场中获得收益。据此，数字经济赋能解决乡村振兴资本匮乏困境的逻辑主要体现为如下几方面：

① 习明明，郭熙保．贫困陷阱理论研究的最新进展［J］．经济学动态，2012（3）．

② 邱泽奇，张樹沁，刘世定．从数字鸿沟到红利差异：互联网资本的视角［J］．中国社会科学，2016（10）．

1. 数字经济能够促进乡村资产向资本转化

数字经济通过互联网市场推动乡村资产转化为互联网资本。互联网市场是完全有别于传统线下市场的新市场。互联网市场的诞生催生出一种新资本形态，即互联网资本。根据前文资本的定义，互联网资本可以理解为任何因既往投入形成的、具有互联网市场进入机会并可以通过互联网市场获益的资产①。互联网市场出现前，受传统线下市场的种种限制，很多乡村资产无法接入市场，不能在市场机制作用下有效配置，从而处于“休眠”状态。随着数字基础设施的不断普及和完善，网络连通性得到前所未有的发展，互联网用户连接到的网络规模越来越大，被其他互联网用户连接到的机会也越来越多②，互联网市场规模由此不断扩大。互联网市场打破了传统市场的诸多限制，使很多“休眠”资产能够通过进入互联网市场获得资本收益，从而实现资产向互联网资本的转化。如乡村山水、田园风光等通过抖音、快手等网上平台进行视频投放，随时随地可供人欣赏换取点击流量进而获得收益，这和旅游公司将景点开发后对参观游客收取门票本质一样，即农村闲置景观资产通过接入互联网市场获得了收益。因此，数字经济与农业农村的融合发展有助于使资产接入互联网市场，从而能够将农村部分僵化和闲置资产转化为互联网资本，破除资本匮乏困境。

数字经济通过扩容原市场促进乡村资产资本化。数字经济能够通过其渗透性和创新性实现与其他产业的融合发展，由此创造新产业、新业态、新模式、新场景，扩展原有市场范围边界，提升原有市场容量。同时，各种线上平台通过互联网延伸到农村各个领域，使农产品和市场等要素实现线上线下融合发展，打破了传统市场的时空限制。数字技术在农村物流中的应用，有助于缩短流通时间，扩大流通范围和市场半径，为农村资产加快向资本转化提供条件。如由于地理位置偏僻、物流发展滞后、市场半径很短等原因，高原藏区的松茸、羊肚菌等特殊菌类生物，无法作为新鲜商品实现远距离销售，随着互联网、物联网等技术的发展，这些对保存方式及时效有严格要求的农产品可及市场范围不断拓展，不仅可以销售出去，而且销售价格提高，销售周期缩短，实现了资产向资本的快速转化。

数字经济促进乡村数据要素资本化。数字经济的发展使数据作为一种全新

①② 邱泽奇，张樹沁，刘世定．从数字鸿沟到红利差异：互联网资本的视角［J］．中国社会科学，2016（10）．

的生产要素参与到经济活动中，成为数字经济时代一种重要的资本，释放经济增长的数据红利①。数据能成为资本的根本原因在于其可以参与生产，发挥经济要素作用，促进经济增长。这表现在，一方面，对数据进行收集、储存、处理、分析，然后将其作为生产要素运用到实际生产中；另一方面，将数据与其他生产要素相结合，形成倍增效应②，提升其他经济要素的生产效率。换言之，数据具有参与价值创造和实现价值倍增的作用，这正是数据资本化的结果。随着数字经济与乡村经济社会发展的深度融合，乡村各种有用数据要素都可以被充分挖掘、整理，参与市场运行并转化为资本，这一转化过程主要通过如下两种形式实现：一是数据本身被作为商品在市场上进行交易。这类数据本身既可以为决策者提供信息参考，又可作为生产要素参与商品价值形成过程，所以能够进行交易。比如，产业选择一直是农村产业发展的难题，需要综合市场、农产品特性、自然环境等多方面信息进行决策，一旦决策失误，会使生产者面临市场和生产等多方面风险，并导致产业发展失败。利用大数据技术可以快速、高效、专业地收集产业选择和发展相关信息，为产业发展决策提供科学支撑。二是数据本身不直接参与市场交易，而是与其他要素一起参与生产过程，形成具有更高价值的商品后再通过市场交易获得收益，实现自身资本化。例如，数字农业发展的一个重要方面就是将数据信息作为农业生产要素，用现代信息技术对农业对象、环境和全过程进行可视化表达、数字化设计、信息化管理，提高农业生产效率，数据在这一过程中的资本化是通过数据信息参与农业生产、带来更高的农业生产效率并实现农产品的最终价值而实现的。

2. 数据对其他资本的替代节约效应

数字经济赋能乡村振兴过程中，数据要素的替代节约效应主要体现为其对土地、劳动和管理的替代节约③。数据要素对土地要素的替代，体现在生产过程的数据化、信息化促使线下活动转为线上活动、实体生产走向云端生产，促使乡村可以缓解土地资源有限的束缚，破解土地供给缺乏弹性的难题，扩大实际生产空间；数据要素对劳动要素的替代，体现为生产流程自动化对劳动力的部分甚至全部替代，从而节约和释放更多人力资本；数据要素对管理的替代，

① 李海舰，赵丽．数据成为生产要素：特征、机制与价值形态演进［J］．上海经济研究，2021（8）．

② 黄鹏，陈靓．数字经济全球化下的世界经济运行机制与规则构建：基于要素流动理论的视角［J］．世界经济研究，2021（3）．

③ 王谦，付晓东．数据要素赋能经济增长机制探究［J］．上海经济研究，2021（4）．

则体现在利用人工智能技术模拟人脑思维，实现云计算、云管理和云决策，达到部分“去管理化”[①]。显然，数据要素对这些要素资本的替代节约效应，有助于缓解乡村振兴过程中面临的资本匮乏难题。

3. 农村数字普惠金融助推乡村资本积累

依托互联网和大数据等数字技术发展起来的农村数字普惠金融，可以从如下几方面助推乡村资本积累：一是增加乡村信贷资本。数字普惠金融能够突破金融服务的空间限制，实现服务对象下沉，针对不同乡村主体设计个性化金融产品，对金融主体进行快速风险评估，减少信息不对称，降低信贷成本，实现便捷授信和快速融资，提高乡村整体融资规模。二是促进乡村商品价值实现。数字普惠金融可以通过“金融＋市场＋家庭农场”“金融＋企业＋农户”等创新性融资模式，为乡村农产品销售提供“数字授信”“数字担保”“数字保险”等金融支持，助力乡村商品价值实现和乡村收入增加。三是促进乡村公共服务基础设施建设。农村数字普惠金融本身就是重要的农村公共服务基础设施，能够为农村居民提供包括支付、信贷、保险、理财等全面的金融服务，弥补传统金融服务城乡供给不平衡的缺口。同时，农村数字普惠金融还可以通过“金融＋科技”模式赋能农村公共服务体系建设，运用互联网新兴平台，通过众筹、股权融资等模式推动农村公共服务更加普惠，提高服务和保障水平，形成公共服务优质共享的良好机制，使乡村拥有越来越多的便捷公共服务[②]。

（三）“互联网＋产业”提高农村存量人口人力资本

人才是乡村振兴的关键变量，但目前我国乡村发展面临较为严重的人才短缺问题。农业生产经营人员总量减少，老年劳动力占比明显增加，农业劳动力老龄化速度显著加快，并且这种趋势仍在延续。数字经济助力破解乡村劳动力资源不足和人才短缺困境的内在逻辑可以概括为“优存量、提增量、做减量”三个方面。

数字经济首先可以从绝对层面提高农村存量人口人力资本。人力资本存量增加主要依靠教育投资和健康投资。随着数字乡村建设的加快、农村信息基础设施的完善以及信息与通信技术的发展，农民数字素养和技能不断提高，由此

① 李海舰，赵丽．数据成为生产要素：特征、机制与价值形态演进［J］．上海经济研究，2021（8）．

② 薛晴．农村数字普惠金融助推乡村振兴［N］．光明日报，2022-8-9.

既可以降低农村居民主动获取信息、学习知识、掌握技能的物质成本和时间成本，也有利于政府和相关组织机构在农村和农民中广泛开展农业生产信息知识普及、专业技能培训等，由此直接提高农村存量人口的人力资本[①]。换言之，数字经济能够以其独特的联通功能，打破固有时空界限，将农村内部、农村与城市、农村与国外互联互通，开拓农村居民视野，拓展农村居民思维，促进农村居民思想解放和认知能力提升，使其形成更具科学性的认识和判断[②]。

此外，数字经济与医疗健康产业的深度融合，能够促进农村远程医疗、“互联网＋健康”服务等产业发展，实现城市优质医疗健康资源城乡共享，助推农村居民健康人力资本的积累发展。除此之外，数字经济还可以从相对层面提高存量人口人力资本，推动乡村劳动力质量提升。信息技术作为典型的通用目的技术，具有技术广泛应用性强、技术持续改进性强、在应用领域促进创新性发展等特征[③]，其在农用设施设备以及农产品生产、流通、销售等各环节的渗透性运用，能够提高劳动生产率，使曾经过程复杂、有较高人力资本要求的复杂工作变成简单工作，使机械劳动替代人力劳动，从而相对提高劳动力的质量和数量。比如，农村专业化、规模化养鸡在传统技术设备和环境下对各环节的劳动力数量及技能都有一定要求，而数字化物联网养鸡实现了养殖各环节的全自动运行，管理人员只需要一部手机并通过相应控件按钮操作，就能掌握鸡场的养殖情况，既节约了劳动力，又能使养殖者能更简单轻松地完成相应工作。

数字经济的出现能够提供新的就业机会和就业方式。具体来看，首先，数字技术作为一项崭新的技术，直接创造了以数字化开发与制造为核心内容的数字技术产业，进而催生出数字技术研发、数字产品生产管理、数字产品销售、数字设备运营维护等新岗位。在数字乡村建设过程中，农村互联网基础设施不断普及和完善，农业生产、农产品加工和销售过程中数字化设备的投入和运用，乡村治理中数字化管理系统的广泛应用等，使乡村数字化相关的就业机会明显增加。其次，数字技术不仅可广泛应用于多个行业和领域，而且能使其他产业的产品形态、业务流程、产业业态、商业模式、生产方式、组织方式、治

① 马俊龙，宁光杰．互联网与中国农村劳动力非农就业［J］．财经科学，2017（7）．

② 朱红根，宋成校．互联网使用对家庭农场劳动力资源配置的影响［J］．农业技术经济，2020（8）．

③ 参见布朗温·H．霍尔、内森·罗森博格《创新经济学手册》第二卷，上海市科学学研究所译，上海：上海交通大学出版社：2017．

理机制等发生颠覆性变革①，从而创造新的就业岗位。如目前盛行的农村电商模式将农产品的终端销售由城市变为乡村，将以前农产品的一次性大量运输模式变成长期多次邮递模式，创造了如直播、销售、快递等新就业岗位。再次，数字经济为乡村自主创业提供了广阔空间。数字技术在农村的普及应用，打通了城乡信息阻隔、地理空间阻隔、交通物流阻隔，为乡村以网络平台为载体的创业提供了无限可能。大部分研究者认为互联网的使用可以促进劳动力自主创业②，相关实证研究也发现，使用互联网的农村家庭相比不使用互联网的农村家庭，创业概率要高得多③。此外，数字经济的发展可以降低信息收集、物品采购、商品运输、要素流动的成本，使创业者能够在更大范围内整合创业资源，降低创业成本，提高创业成功率。

数字经济可以通过对原工作岗位的改造提升其就业吸引力。相关研究发现，在复杂劳动力市场中，信息技术会造成劳动力市场两极化，即信息技术会创造高技能需求工作，破坏中等技能需求工作，迫使中等技能劳动者流向低技能需求岗位就业④。但农村劳动力市场需求比较单一，不存在明显的高、中、低技能之分，而且从实际特征看，主要体现的是对低技能劳动力的需求，即农村劳动力市场不属于复杂劳动力市场。因此数字经济发展对农村劳动力市场的“创造性破坏”作用，主要体现为对传统工作岗位的改造提升，形成更多高质量的就业岗位。如数字农业利用遥感、地理信息系统、通信和网络技术、自动化技术等对农业生产过程进行实时监测，实现了对传统农业生产流程的颠覆性改造，增加了现代农业生产的科技含量，降低了传统农业生产工作的艰辛繁重程度，进而提高了农业生产在劳动力市场的就业吸引力。

通过替代效应和互补效应减少对农业劳动力的需求，把数字经济条件下信息通信和人工智能、自动化等技术推动的这一轮工业革命称为“第二次机器革命”，把之前的历次工业革命称为“第一次机器革命”⑤。“第一次机器革命”

① 李晓华．“新经济”与产业的颠覆性变革．财经问题研究，2018（3）.

② 红根，宋成校．互联网使用对家庭农场劳动力资源配置的影响［J］．农业技术经济，2020（8）.

③ 华语音，周洋，余静文．“新常态”下的农村家庭创业之激励：基于CFPS数据的实证分析［J］．武汉理工大学学报，2016（6）.

④ O. Ashenfelter and D. Card，Handbook of Labor Economics（Volume4B）［M］．Amsterdam：Elsevier，2011.

⑤ E. Brynjolfsson and A. Mcafee，The Second Machine Age：Work，Progress，and Prosperityina Time of Brilliant Tech－nologies［M］．Washington：Norton Press，2014.

对人类劳动的影响，主要表现为增强了人类的肌肉能力，扩大了人类劳动的可及范围，从本质上讲，“第一次机器革命”的技术主要是和人类劳动互补的①，而“第二次机器革命”更多表现出对人类劳动的完全替代。数字经济带来的“第二次机器革命”所具有的这种对低技能劳动的替代、与高技能劳动的互补特性，对于解决我国乡村人才流失、农业劳动力不足等问题具有重大意义。传统农业生产过程中，劳动者生产经验的积累主要依靠“干中学”，且多数劳动者的劳动技能并无显著差异，这类劳动者是农业劳动力市场的主力军；而一些专业化、规模化的农业生产，比如养殖业、林木果业等，则要求具备更高专业技能的劳动力，但此类劳动力需求在整个农业劳动力市场中占比并不高。因此，相对来看，农业劳动力市场呈现出低技能劳动力需求为主、高技能劳动力需求为辅的特征。数字经济与农业生产过程的深度融合，使大批智能化农用机械设备广泛应用于农业生产，产生巨大的替代效应和互补效应，实现了机器对人的替代，并拓展了农业劳动者的劳动范围，由此既能够缓解农村劳动力不足的问题，也可以把劳动者从过去艰苦繁重的工作中解放出来，使农业生产更加容易、轻松。如人工智能喷洒无人机、草莓采摘智能机器人、智能水果分拣器等数字技术设备在农村的使用，已经显现出较强的劳动力替代和增强效应。

（四）“互联网＋农业”加深乡村产业市场化程度

深化“互联网＋”模式，首先，要推进“互联网＋农业”深度融合，处理好乡村网络宽带方面的问题，大力发展乡村大数据和智能化网络工程，形成农业网络大数据链，创新乡村农业大数据、网络化应用服务模式。

产业是乡村振兴的核心载体，乡村振兴的根本在于产业振兴。只有通过产业振兴，为乡村振兴夯实根基，才能为乡村全面发展提供条件，进而实现乡村全面振兴。现阶段，我国乡村产业发展存在同质化问题突出、特色优势产业少、产业规模小、链条短、产值低、竞争力弱、市场化程度不深等问题，需要以产业数字化和数字产业化为契机，促进乡村产业发展壮大，实现高质量发展。产业要发展壮大，既可以通过横向发展战略扩大产业覆盖面，增加产出量，也可以通过纵向发展战略，延长产业链条，增加产业产值。当前我国较多乡村产业都以生产初级农产品为主，产业价值链较短，产品附加

---

① 陈永伟，曾昭睿．“第二次机器革命”的经济后果：增长、就业和分配［J］．学习与探索，2019（2）．

值不高，利润规模较小。如许多水果产业的产业价值实现方式就是将新鲜水果通过各种方式运输到市场进行直接销售。这种以销售初级农产品为主的产业发展方式，既无法获得农产品深加工的增加值，还可能会面临成熟期大量产品挤压，商品供大于求，产品价值打折的风险，即产业价值实现处于“微笑曲线”底端。此外，乡村产业面临的这种纵向发展不足还会进一步限制产业的横向发展。

随着农村数字基础设施的不断完善，农村电子商务蓬勃发展。互联网突破了地域和时间限制，使农村电商可以直接面向各区域市场销售产品，同时借助物联网技术实现农产品尤其是生鲜农产品的高效率、低成本送达，不仅缩短了流通时间，而且减少了流通成本，使商品流通环节的部分溢价内部化。“互联网＋农业”扩大了乡村产业的销售市场，改善了产品在可及市场的供求关系，减少了因供求关系波动带来的价值损失。数字经济对农村产业的融合渗透，使智能化设备、智能化管理、智能化劳动应用到产品生产、加工、销售等各环节，降低了部分工作的复杂程度，简化了相关工作的流程，使产业纵向发展的门槛降低，推动乡村产业向产业下游方向延伸，沿价值链“微笑曲线”向两端升级。

数据实现了“前台”的电商销售与“后端”的农业生产的联动，演化出共创共享的智慧农业生态模式。首先，农业电商带来的大量销售和物流数据刺激了智慧物流平台的建设。其次，在行政力量的主导下，智慧物流平台的数据开始与生产相结合，农产品的品种、售卖季节、区域、数量和评价被直接反馈给种植户和生产基地负责人，促进了精准化、精细化、灵活性种植的发展。再次，智能中央气象站进驻种植园，能够对气温、湿度、土壤墒情等作物生长环境要素实时监测，并通过手机 App 反馈给农户，农户能够实时细致地看到作物的变化。而且农业生产大数据联网政府农业农村部门和科研机构的数据平台，能够给行政决策、危机应对、科学研究提供及时的、历史的数据支持。最后，在乡村振兴战略的发展导向下，农民面临的技术鸿沟一定程度上被行政力量覆盖和解决，比如开设培训班、培养技术骨干和技术知识下乡活动等。

首先，智慧农业中的物联网、传感器、5G 等技术对乡村基础设施进行了数字化升级，这些技术升级使得水利、交通、旅游等方面同样获益。其次，基础设施建设使得能够覆盖山区的智慧乡村平台发挥功用成为可能。最终，农业、农村和农民的数据集成为乡村治理的“数智大脑”系统，在经济发展、民生福祉、社会治理、政府效能等方面提供针对性和及时性的服务与支持。在发展中，互联网技术的“智慧性”体现在：在人的发展方面，能否解决农村留守老人、留守儿童和新时代农民的发展需求、价值规范和主体性等问题。在乡村治理层面，能否将乡村治理的制度体系、制度优势和行政力量以一种要素的形式围绕在“三农”发展的周围，形成一种技术、制度、文化和人多方共生的乡村治理现代化方式。

此外，尽管有的乡村产业已经在产业链条上延伸发展，但技术和设备比较传统、效率不高，应对这类产业进行数字化改造，充分利用数字红利，从而使其在市场竞争中占领有利地位，获得数字经济先发优势，实现产业做强做优做大。我国乡村产业市场化程度不高，主要表现在产业选择和产品销售过程中非市场化影响因素较多。比如乡村现有扶贫产业的发展往往由政府推动，土地获得依靠行政力量，发展资金依靠政府补贴，产品销售依靠帮扶单位和社会“以购代捐”等。乡村产业发展如果不按照市场规律，不走市场化道路，将难以获得内生发展动力，无法形成持续发展力量。数字经济与乡村产业的融合发展，可以使乡村产业更好地融入市场，参与市场竞争，在优胜劣汰中不断发展壮大。具言之，利用大数据技术，可以为产业选择提供基于市场规律的论证和指导；农村数字普惠金融的发展，可以为乡村产业发展提供更为便捷的融资渠道，减少对政府资金的依赖；互联网市场的发展，能够为农村产业参与市场竞争提供平等的机会；城乡物联网的完善，让农产品可以通达四方。概言之，乡村数字经济的发展，可以使乡村产业形成“产址在农村、销售在全球”的发展模式，为农村产业发展提供更为广阔的市场空间，使其逐渐摆脱政府或社会扶持，平等参与市场竞争，实现优胜劣汰。

（五）数字技术促进农业产业层次和结构的转型

数字技术与传统农业深度融合催生了乡村数字农业的发展。数字技术促进农业转型的逻辑在于：数字技术以不同方式改变传统农业经营要素的集约程度与配置关系，整合各方资源，共享多领域信息，汇聚各类农业要素，贯通农业生产、经营、流通与销售产业链条，构建了乡村新型生产体系、经营体系和产业体系。数字技术作为一种新型生产要素，主要是以电子商务和直播带货等新经济业态推动农业生产走向智能化、农产品流通与销售走向高效化。在农业产业链的上游生产经营环节，电商等互联网经济元素融入农业生产决策、生产管理、产品质控、经营体系，农村电商衍生出了小农户与大市场的多重利益联结机制，进一步优化了农村双层经营体制。例如，陕西省红石县探索出“电商＋专业合作社＋绞股蓝基地＋低收入农户”的产业发展方式，将乡村特色农产品的需求机会转化为乡村产业发展机遇，打造新的数字经济增长点。在农业产业链的下游流通和销售环节，数字技术衍生智慧物流、农业综合信息平台、电商综合体等样态，进一步畅通农产品信息渠道，优化供应链管理，提高产能利用率，延长农业产业链条。例如，浙江省天歌县正在建设以电商直播为载体的村播基地，探索“直播＋产业”的发展模式。此类直播带货经济模式汇聚了电商、直播销售、新物流等数字经济元素。一方面，乡村不同生产主体可以借助直播、算法产品推荐等形式强化农产品供销，推动农产品品质提升、品牌打造和价值转换；另一方面，乡村休闲旅游、民宿、美食等特色农业产业与直播实现深度融合，推动农业产业链条纵向一体化、数字化发展，从而提升乡村农业产业的生计价值、经济价值和社会价值。

借助数字技术与数字平台促进乡村资产资本化。资产资本化的关键是市场接入。首先，利用数字技术不断拓展乡村特色资源的市场边界，为乡村特色产品拓展市场，为特色资源开发提供平台，实现资产资本化。其次，利用数字技术打造现代乡村物流网，通过加快乡村物流网点建设、建立乡村产品物流集散基地、推进乡村数字交通发展、加大乡村特色产品和资源的数字化广告宣传等方式，推动乡村产品和特色资源突破时间和空间限制，实现线下市场与线上市场相结合，从而获取更多收益。再次，积极开发和整合乡村数据资源，推动数据资源向资本转化。充分利用数字技术将乡村资源中的有用信息数据化，并进行加工处理和深度挖掘，使之具有为农业生产、工业生产和居民生活服务的价值。发掘整合现代农业生产过程中各环节信息、农作物在自然实验场景下生长的各项信息，进行数据化处理，使之成为指导农业生产和产业发展、进行自然和社会科学研究的重要数据，进而将这些有用数据通过市场机制转化为能带来收益的资本。

总体而言，数字技术汇聚了信息、资金、人力等资源要素，在不同环节重塑了农业产业体系，农业生产、流通和销售的数字化元素逐渐丰富，提高了乡村农业产业水平，增强了乡村经济发展活力。但是，农业产业链数字化发展的整体性较低，难以形成全产业链的生态场景。例如，只注重农业生产端的可视化或销售端的电商化，导致农业各个环节之间的关联度和综合性不强。此外，农业产业化发展过程中新型经营主体、电商人才等人才队伍建设不足。这些问题影响了乡村农业产业新业态的发展和产业结构的转型进程。

（六）数字经济赋能乡村全面振兴

我国拥有超过 14 亿人口，其中近 5 亿人生活在农村，第一产业的就业人员占就业总人数的比重超过 20%。乡村消费已连续多年快于城镇消费的增速，成为我国消费市场的重要增长极，也成为接下来促消费扩内需工作的重点。

1. 发挥农村数字普惠金融的资本积累效应

针对乡村振兴过程中资本匮乏问题，需要以内生性为根本出发点，利用数字经济赋能乡村固有资产的盘活和价值实现，同时发挥农村数字普惠金融的资本积累效应，为乡村创业和产业发展提供融资保障。具体来看：

第一，促进乡村互联网资本积累。一方面，推动乡村互联网市场规模扩大和规则完善。大力促进乡村数字网络设施的普及和完善，支持通信企业深化农村及偏远地区网络建设和运营；持续推进“光网乡村”建设，实现光纤宽带网络全覆盖；深入推进物联网、大数据、人工智能等新一代信息技术的应用；加快数字乡村标准化建设，推进城乡网络一体化。另一方面，鼓励推动乡村资产和农产品等接入互联网市场，实现资产盘活和价值实现。充分发掘乡村资源，特别是因缺乏市场机制作用而僵化的资产、因缺乏市场接触机会而闲置的产品，通过接入互联网市场将其转化为互联网资本。

第二，推进农村数字普惠金融发展。一是加强农村数字普惠金融网络体系建设。构建广覆盖、多样化的农村数字金融网络体系，补齐偏远农村地区信息基础设施短板，开发针对农民的易学好用软件，引导农民提升数字操作能力，强化农村数字普惠金融素养培训；发挥好农商行、信合、数字普惠金融便民服务中心的作用，对广大农民群众开展针对性的金融教育。设计适合农村需求的普惠金融产品和服务。二是整理分析农村居民基本金融数据信息、农村基本消费金融数据信息，运用大数据精准把握农民真实金融需求；针对性开发支持农村创业、农业保险、农民消费的农村金融产品；研发设计支持农村养老服务、医疗卫生等公共服务项目的金融产品。三是完善农村数字金融发展的监管体系。制定农村信用数据采集与评价的国家标准，加强横向部门间的协同，优化数字普惠金融风险分担补偿机制，深化政府性融资担保体系建设，完善绩效评价机制①。

2. 提高乡村劳动力的人力资本，促进劳动力向乡村流动

根据数字经济重塑乡村劳动力的赋能逻辑，利用数字经济发展解决乡村人

---

① 薛晴．农村数字普惠金融助推乡村振兴［N］．光明日报，2022－8－9.

才短缺问题，应以提高乡村劳动力的人力资本和促进劳动力向乡村流动为目标，实现对乡村振兴人才主体的结构性重塑。

一方面，提高乡村劳动者的数字素养与技能。通过信息宣传、示范引领、平台搭建等方式，鼓励乡村劳动力主动迎接数字革命，学习数字技术，掌握各种普及化数字产品的使用方法，利用数字技术和数字设备为生产生活服务，避免在数字经济时代被边缘化。实践中，首先，政府要大力推进数字乡村建设，积极开展数字技术乡村普及、数字产品下乡活动，搭建各类数字技术学习和培训平台，创造数字技术学习机会，最大限度、最大范围提高乡村劳动力的数字技术能力。鼓励数字技术研发和数字产品生产企业开拓乡村数字市场，促进数字产品乡村消费。其次，以数字技术及产品为载体，增加乡村劳动力学习机会。充分利用数字技术带来的知识学习、信息收集的低成本、高效率、高便捷性优势，通过数字媒介、网络平台等途径，为乡村劳动力提供线上线下专业技术培训、农业知识培训等，使数字经济更好赋能乡村振兴。再次，大力推进数字化设备在乡村生产生活中的应用。以数字乡村建设和数字农业为中心，通过减税、免税、消费信贷、贴息等方式推动数字产品下乡，促进乡村数字化基础设施的普及完善和数字技术的应用，不断发挥数字技术在节约替代劳动力方面的作用。

另一方面，充分发挥数字经济创造新就业机会和改变就业方式的功能。一是大力发展以数字技术为基础、以互联网市场为载体的乡村经济新业态、新模式，使乡村内生出一批与数字经济关联度较强、收入高、受劳动者青睐的工作岗位，吸引城市高素质劳动力流向乡村，增强乡村振兴的人才力量。二是充分利用数字经济带来的机会，鼓励各地政府依据自身比较优势制定相关配套政策，开展围绕当地特色农业资源的创新创业，让更多人投入乡村创业之中。三是加快数字经济对传统乡村工作的改造提升，提高农业工作的便捷度、轻松度、舒适度，进而提升在乡村工作和生活的获得感、满足感，使乡村既能吸引人又能留住人。

3. 推动数字经济与乡村产业融合

针对乡村振兴面临的产业薄弱困境，需要充分发挥数字经济优势，推动数字经济与乡村产业融合，促进乡村产业兴旺发展，可以从如下方面着手：第一，充分利用大数据技术，指导乡村产业布局。从国家层面组建乡村产业发展大数据中心，收集整理分析各类乡村产业及其产品等的全域信息，结合各地实际，因地制宜指导乡村产业布局。各地相应建立以服务乡村产业发展为目标的信息数据中心，根据区域特征，结合国家大数据中心数据信息，形成促进本地乡村特色产业发展的指导意见。第二，加快推进数字经济与乡村产业的融合发展。数字经济与乡村产业的融合，根本在于推动乡村产业的数字化。宏观思路上，对乡村存量产业，需要运用数字技术进行改造和提升，降低其生产、流通和销售成本，增强发展后劲；对于增量产业，则利用数字技术指导产业选择和孵化产业发展。实践过程中，加快物联网、大数据、空间信息技术、智能装备等现代信息技术与种植业、畜牧业、渔业、农产品加工业的全面深度融合，通过建设若干现代数字农业示范基地，不断引领示范乡村产业数字化发展，提高产业生产效率。以数字技术为载体，推进一二三产业融合发展，利用现代信息技术加快乡村农业、生态资源与旅游业融合，发展智慧旅游、观赏农业；充分利用数字平台、网络媒介引导现代乡村服务业与农业深度融合，推动农业和其他产业各环节向外包服务方向发展，提高分工程度，增进效率。第三，发挥以数字技术为手段引致的产业市场化力量，增强乡村产业发展的市场化程度。以数字技术助推乡村金融发展，改善乡村金融环境，用数字技术推动信贷的审批放流程，使乡村产业更容易获得金融信贷和融资支持，减少对政府补贴等非市场资金的依赖。大力发展互联网市场，推进线下市场和线上市场融合发展，加快物联网和数字交通发展，拓展市场半径，让乡村产品主要依靠市场力量获得价值实现。鼓励企业充分利用大数据技术提供服务“三农”的信息咨询服务，整合市场信息资源，提供产业决策指导，减少地方政府对产业发展的行政干预。

互联网以及数字技术发展促进农村创新创业，提高经济发展水平，引发乡村重构。互联网的使用显著促进农村的创新创业，引发乡村重构。在“互联网+”的影响下，电子商务逐渐下沉，中国部分农村经历“传统村落—工业村落—城中村—淘宝村”的空间变迁过程，形成淘宝村这一特殊的乡村城镇化形式，在空间分布上逐渐呈现集聚特征，有些地方形成小范围集聚、大范围分散的格局，同时具有近地缘扩散、沿交通线发展的特点。淘宝村的发展壮大不仅能够促进就业、增加收入、改革农村产业结构、促进产业升级，还能够提高农民的知识文化水平、改变传统观念、商业思维以及消费行为。互联网使用对农村经济具有显著促进作用，是继“乡村工业化”之后的新一轮增长主义范式的体现。同时，全球化和互联网为乡村的社会文化带来新的内涵，乡村的生产方式和村民的生活方式均发生了改变，包括有效降低农村低收入居民购物时的交易成本，释放农村消费潜力、优化消费结构和行为观念、促进消费升级等。互联网影响的地区差异体现在优化东部地区的消费结构，增加中西部以及东部地区的消费需求。农村经济观念转变辅以“互联网＋”手段为农村各行各业带来了地方品牌的建构，实现了农村经济新一轮的转型发展。相比促进专业化方面电子商务对农村的直接经济效应更为显著。

三、数字经济发展的地区差异

根据不同类型农村地区的特点，探讨农村数字经济发展路径的差异，从而探寻不同背景视阈下实现农村数字经济建设的现实路径。基于农村地区经济发展的不平衡性，农村发达地区可以基于数字化基础设施以及多元化农村数字经济主体的支撑，更有力地促进农村数字经济建设。而部分农村欠发达地区首先要解决的是基础设施建设薄弱以及人才储备不足的现实性制约问题，因此不同类型农村地区也应立足于当地实际，研究侧重点也不尽相同。又如农村特色产业发展的交叉性与异质性，以果蔬种植为主发展的农村地区可以利用数字技术提高生产效率、增加附加值、发展数字农业；而以畜牧业为主发展的农村地区则可以通过数字化管理、智能化养殖等方式提高经济效益。因此，在不同类型的农村地区，需要根据其自身定位来制定数字经济建设路径、研究方向，应立足于当代农村数字经济建设可利用资源的实际范围。

（一）数字鸿沟

农村发展与互联网技术扩散的研究话题常常运用“数字鸿沟”的视角，将技术水平视作发展与落后、城市与乡村、现代与传统之间二元对立的比较基点。这种二元论的视角强调结构、制度因素对乡村变迁和发展的决定性影响，将城市化和现代化看作乡村的主流走向。而传统政治经济学的研究者们更多地看到了乡村文化被互联网技术卷入资本化、全球化的不平等社会权力关系中时，诸多外部力量对乡村文化、制度和经济的影响。

在二元论与批判视野之间，乡村与互联网技术关系的研究还有一条关注乡村技术实践的路径，以动态的、语境的、现象的视角，去讨论互联网时代的乡村发展在全球化与在地化、传统与创新之间的内生力与张力。乡村的互联网技术实践很难用单一的“只讲乡村”的视角去讨论，这是一个涉及文化、制度、技术、资本等的行动者网络。不同于大多将互联网视为“内容”、将乡村用来“叙事”的研究，乡村互联网技术实践的研究需要将互联网技术与乡村视为

“行动者”，关注二者之间的关联、行动与形成的更大网络。在这里，乡村是一个形容整体的概念。作为行动者的乡村既是地理区域，也是文化表征，既有千般特色，也有中国共性。

数字鸿沟问题的实质是经济鸿沟[①]。中国地理区域之间的“数字鸿沟”十分明显，该因素可能会使中国社会空间的分离和破碎化加剧[②]。随着农村互联网高速发展，传统数字鸿沟总体有缩小趋势，但是并不能掩盖城乡间在数字化技术与设备应用方面的“新数字鸿沟”的扩大以及与此相关的农村数字化贫困问题[③]。

1. 数字乡村建设中数字鸿沟的问题与困境

“硬件”基础设施是进行数字乡村建设的前提和基础。数字“硬件”是指信息数字技术应用所有物理电子部件的集合。目前，乡村数字“硬件”鸿沟包括数字资源鸿沟、基础设施鸿沟、网络设备鸿沟、基站鸿沟等。近年来，我国在数字乡村建设中取得了很大进步，但是，与城市数字建设相比，在数据存储、基站建设、数据中心、数字资源库、物联网等方面都存在较大差距。《人民日报》曾经报道：新冠疫情期间，陕西榆林一些偏远地区农村学生线上上课时，由于山区信号不好，学生需要爬到房顶，将手机挂在树上才会有信号[④]。可见，城乡发展不均衡是造成数字鸿沟的主要原因。乡村要实现数字化离不开互联网的支持，而信息时代网络升级更新迭代速度快，部分农村地区特别是偏远贫困地区无法跟上信息技术发展的步伐[⑤]，数字乡村建设不但缺乏应有的数字化服务，而且光纤通信、5G 网络等信息基础设施还未实现全面覆盖，无法满足大数据、数字化等新技术对网络基础环境的需求。大多数乡村未建立县、乡级的数据中心，无法支撑起高效数字化乡村应用体系，导致在人工智能、无人农场、农业机器人等领域出现数字断层。因此，要着力解决发展失衡、治理困境、数字鸿沟、分配差距等问题为解决农业农村发展滞后、农民增收困难等问题提供政策指引与数字化保障。

软件是硬件的基础，是硬件的灵魂。城乡数字“软件”是支撑数字乡村建

---

① 金春枝，李伦．我国互联网数字鸿沟空间分异格局研究［J］．经济地理，2016，36（8）：106－112.

② 汪明峰．互联网使用与中国城市化：“数字鸿沟”的空间层面［J］．社会学研究，2005（6）：112－135.

③ 陈潭，王鹏．信息鸿沟与数字乡村建设的实践症候［J］．电子政务，2020，216（12）：2－12.

④ 王颖．透视疫情下的贫富差距与城乡数字鸿沟［N］．人民日报，2020－4－11.

⑤ 闫昊．数字技术赋能乡村振兴的提升路径探析［J］．智慧农业导刊，2023（6）.

设的重要“软实力”。当前，城乡数字“软件”鸿沟包括数字素养鸿沟、数字人才鸿沟、数字治理鸿沟等。近年来，以“乡村电商”为引擎的乡村数字经济驶入快车道，助推了乡村社会的发展。但总体来说，乡村居民缺乏对数字治理和数字素养的深度认识，导致乡村地区数字化发展整体滞后，加之“小农”利己化思想影响，致使农民参与积极性不高，处于观望状态。发展数字乡村建设，人才是主要制约因素。数字乡村建设具有科技含量高、信息化程度高、技术水平高的“三高”特征，需要跨界复合型人才支撑数字乡村的发展。目前，乡村数字化管理水平与县域发展目标不匹配，城乡数字鸿沟依然较大，很难吸引到专业技术人才下乡“加盟”，来保障乡村数字化的基本运营，而乡村内部又难以挖掘出专业技术人才。因此，如何引进人才、留住人才、用好人才成为数字乡村建设的关键所在。当前，农村经济发展还处于“跟风模仿”向“订单农业”转型时期，信息不对称阻碍了农产品的生产销售，种什么、养什么、怎么销售、如何与数字信息接轨还处于探索阶段。虽然，大量市场信息、农业项目、资金渠道源源不断地输送到乡村社会，如微信、京东、拼多多等数字平台推广帮扶，但是还有大量数字贫困农民无法享受到数字变革带来的发展红利。

数字驱动乡村社会发展已成为世界各国争相发展的焦点。20 世纪 80 年代，美国在都市化与产业结构升级背景下，提出了“振兴乡村经济”战略，采用基础型矩阵、延伸型矩阵、城乡教育矩阵发展模式，通过政府投入巨额资金，强化乡村网络建设硬件配置，提升农村立法与教育、农业生产与数据库建设的秩序化来助力乡村发展。日本在 20 世纪 50 年代进入经济高速增长期，在城乡居民收入差距逐步拉大，农村人口不断减少，农业发展陷入困境的背景下，启动了“乡村振兴运动”，采取政策导向与信息技术联动、网络与政策联动、农业与信息服务联动的发展模式，充分利用有限资源提高农业生产效率，实现了农业农村现代化。西方发达国家数字乡村建设虽然布局较早，但发展到今日也将面临迭代更新升级的问题，我国数字乡村建设虽起步较晚，但仍有许多建设空间，可以充分避免其他国家在发展进程中遇到的问题，借鉴发展优势。从基础设施建设、资金、技术、人才等多层次弥补自身不足，不断优化我国数字乡村建设路径，推动乡村全面振兴。提升农业信息化发展水平，提高农村教育质量，进而消除城乡数字鸿沟，推动乡村发展。英国是最早进行工业革命的国家，在城市化、工业化快速推进过程中，开启了“双向协同秩序化”发展的乡村振兴之路，以政府与网络运营商、立法与教育、农业生产与数据库建设的秩序化来助力乡村发展。

值得注意的是，在技术赋能的案例之外，一部分农民的互联网技术使用可能还存在很多知识和素养的不足，他们正在走过对技术从“学用”“利用”到“善用”的过程。在当今的网络空间和网络文化背景下，这个过程并不容易。一方面，驳杂的互联网文化可能对乡村文化形成“反噬”，影响农人尤其是新农人的自我和社会认同；另一方面，技术正在影响乡村的日常生活，重塑传统的乡村空间，“老农人”的生活和劳作习惯面临“数字鸿沟”甚至“智能鸿沟”的挑战。因此，要建设和保护什么样的乡村文化、环境和生活方式正在成为互联网技术扩散和技术赋能实践下新的问题和挑战。

2. 弥合数字“硬件”“软件”“国际”鸿沟

一是加大政府资金投入力度，完善数字基础设施建设。基础设施建设是推动农业农村发展的重要抓手。农村信息化基础设施薄弱是共性问题，建设数字乡村补齐基础设施建设短板，农村数字化既要推动网络信息基础设施等传统硬件建设，更要加快 5G、人工智能、物联网等数字化在农村布局，打通城乡“数字隔阂”。一方面要加快推进乡村网络、基站、平台等基础设施建设，加大偏远落后地区的资金投入，推动县、乡、村数字基础设施智能化改造升级，有序推进农村地区 5G 网络建设。另一方面要在数字乡村建设中杜绝“建设材料劣质、工程质量低下、设备以次充好”等硬伤问题，避免出现“伤农”“坑农”现象。

融合城市优质资源，实现城乡一体化发展。城乡一体化的推进为数字乡村建设带来新的契机。城市无论是在网络基础设施建设，还是在区块链、大数据、信息化建设上，都具有乡村无法比拟的优势。在城乡一体化背景下，乡村发展须借助城市数字化、信息化的优势，补齐乡村在数字化、信息化领域的短板。加快引进城市数字化建设的技术、经验、人才，把数字乡村建设与智慧城市建设紧密联系起来，充分吸收智慧城市建设经验，推动城乡之间数据资源流动和均衡配置以城带乡、以工补农、相互促进、相互借鉴，在共建、共享、共商的基础上，构建数字乡村建设与智慧城市协同发展新格局。

搭建乡村数字管理平台，推进农业农村现代化。数字农业平台是数字农业、智能农业、未来农业发展的保障，平台采用“一体化”建设理念，既保证农业生产全过程数据联通，又能根据农作物不同生命周期实施智能化管理，灵活适配农业生产数字化模块组合，满足农业地域性、季节性和周期性需求。乡村数字管理平台结合先进的云计算、人工智能、物联网等技术，针对农业生产的不同场景进行协同作业，对种植养殖成本、进度、质量、安全等多方面进行有效的数字化管控，实现农业产业的高标准建设、高质量管理、高效益产出。在实现农业要素数字化的基础上，通过建立乡村网络化交互、可视化认知、智能化决策等数字技术平台，实现数据驱动下的农作物种植规模、产量评估、加工生产、运输销售等高效协同。乡村数字管理平台的建立，不仅提高了农作物的产量与质量，还实现了数字化产、供、销、管、智集成一体化管理。

二是加大人才培养力度，提高农民信息化素养。乡村数字化建设的主体是农民，他们既是数字化时代的见证者，也是数字乡村建设的受益者①。其一，拓宽人才培养渠道，确立以政府为主导的乡村人才培养机制，培养造就一批爱农业、爱农民、爱农村，懂技术、懂数据、懂网络的高素质乡村数字人才队伍。其二，结合农业农村生产生活实际，积极推动乡村人才培养变革，以农业院校为依托，探索开展产教深度融合、校村协同育人、完善需求导向、理论实践结合的人才培养模式，建立与“新农人”“高素质农民”相适应的人才培养标准和课程体系，以“互联网＋”人才数字化培训为契机，加快推进乡村数字化人才培养，推动我国数字乡村建设进程，农民数字素养是乡村转型发展的关键要素。其三，不断提升农民信息意识，加快其思维方式的转变，提高农民学习数字化、信息化的积极性和主动性。人力资源部门要加强培训管理体系建设，精心设计培训内容，设立培训专项资金，利用村级信息服务站点进行宣传教育，开展信息素养教育培训，激发掌握数字技术的需求意愿。将信息素养培训教育模块化，让农民养成良好的信息习惯，善用信息工具来解决农业生产和生活中的各类问题，逐渐把数字技术渗透到乡村建设的全领域。

重塑经验农业生产方式，发展智慧农业和数字农业。随着数字技术的发展，城乡数字鸿沟不断缩小，“大数据＋农业”和人工智能等技术的普及，为乡村经济转型发展带来新的机遇，智慧农业正在重塑传统农业生产方式。我国已经迈向数字农业新时代，数字化信息空间正在改变人们的生产方式、种植方式和收获方式。通过大数据平台全面收集整理畜禽养殖、特色作物、设施农业等宏观数据，精准测量土壤酸碱度、电导率、养分含量等微观数据，种什么、怎么种，让数据说话，既增加农产品产量，又提高农产品质量，实现由“经验农业”向“数字农业”的转型发展。在大数据平台中设立“数字治理”模式，对荒山、荒沟、闲置农田等“沉睡资源”全面梳理，积极推动“资源变资产、

① 孙久文，张翱．数字经济时代的数字乡村建设：意义、挑战与对策［J］．西北师大学报（社会科学版），2023（1）.

资金变股金、农民变股东”的转型变革，让农民切实享受到数字乡村建设带来的获得感和幸福感。

发挥数字技术优势，构建“农数企”联动机制。发展数字经济是把握新一轮科技革命和产业变革新机遇的战略选择①。数字技术与农业产业、农户深度融合，使得农业降低了生产经营成本，企业赢得了市场，农民增加了经营性收入，不仅提高了农业生产效率，还推动了农业高质量发展。农村电商数字化重塑了农产品供应链、产业链、物流链和价值链，实现了经营网络化。电商通过对消费大数据波动情况的分析研判，及时调整种植养殖结构，实现农产品供需精准匹配②。推动传统农业向智慧农业、数字农业转变。数字技术正在激活农民创造力，成为诱发乡村产业革命的新势力，推动农业规模化、品牌化生产。农数企联动机制是推进产业融合发展的重要环节。建立联动机制就是要充分发挥农数企三方资源优势，建立相互协调合作机制增强团队合作意识，提高服务效率，农民手中有土地资源和劳动力，数字公司有技术，农业企业有资金和管理优势，三方在联动机制下形成产业化经营、品牌化生产和规模化发展，提升了服务效率，如农业产业新型订单模式、股份合作模式、服务带动模式和多次融合模式等。加快建立农数企利益联动机制，促进农村产业融合发展，组织引导农民积极参与构建农数企利益联动体系，大力发展智慧农业产业化，如农业产业新型订单模式、股份合作模式、服务带动模式和多层次融合模式等，促进农民增收，不断提升农民的幸福感。

三是数字乡村建设是全面推进乡村振兴战略的重要突破口，也是乡村创新发展的动力源泉。我国要借鉴发达国家数字乡村建设经验，但不能全盘照搬。首先要参照发达国家投资与基础建设模式，加大资金投入力度，创新投融资机制，拓宽资金来源渠道，积极推动中央部门、地方政府、相关企业、金融机构、社会力量等参与数字乡村建设。完善乡村基础设施建设，推动地方政府光纤进村的建设速度，增加网络通信基站等基础设施建设，鼓励开发适应“三农”特点的信息终端、技术产品和移动互联网应用软件③。其次可借鉴发达国家数字乡村治理的整体布局理念，通过人工智能、集约化智慧农业与数字生态建设模式，形成农业产业生态闭环，构建农户、企业、高校、政府联动机制，

① 林江．大力发展数字经济［J］．红旗文稿，2022（2）．

② 胡卫华．数字经济助推农业高质量发展［N］．中国社会科学报，2022-10-18．

③ 王耀宗，牛明雷．以“数字乡村”战略统筹推进新时代农业农村信息化的思考与建议［J］．农业部管理干部学院学报，2018（3）．

完善卫星网、互联网、物联网、遥感网等农业信息服务网络。通过智慧乡村建设，释放乡村发展活力、促进乡村繁荣。最后可借鉴西方发达国家集中发展高度信息化集成系统的平台政策方式，借助互联网平台和农户共同推进农业数据库建设，政府联合农民和电商平台建立涵盖种植、水产、畜牧、农产品加工、乡村经济等专业数据库，着力打造大农业数据资源系统。与国外相比，我们的信息化、数字化技术正在迎头赶上，大有超越之势，甚至在某些领域实现了逆势反超。而超越主要的驱动力就是创新，数字乡村建设从本质上说也是一种创新。创新是引领发展的第一动力。要坚持制度创新、理念创新、科技创新，以创新驱动引领乡村数字振兴，开创具有中国特色的乡村振兴之路。

此外，电子商务进农村试点进一步加剧了县域内经济发展不平衡程度。乡村内部数字能力差异使得经济基础更好地区更多从政策中受益。具体体现在，试点政策导致新创企业更多落地中心城区、更高提振城市居民收入和社会消费，最终加剧县域内发展不平衡。与此同时，淘宝村建设能通过提高乡村居民从电子商务中的获利能力从而推动区域协调发展。因此，地方政府关注乡村电商发展带来经济红利的同时，也要警惕数字能力鸿沟下可能诱发的区域发展不平衡风险。数字赋能协调发展不仅要重视数字技术引进，更要重视数字技术使用能力建设①。

不同于宽带、设备等硬件设施，数字是互联网的软件资源。数字化能力不仅涉及“数字鸿沟”中的“接入沟”问题，更涉及“使用沟”和“知识沟”。21 世纪以来，国家试图向农村更为精准地投放资源、定点治理。数字化成为克服上下级之间的信息不对称、强化国家自上而下的信息收集能力，以服务于精细化基层治理的重要议题。2019 年，国家发布了《数字乡村发展战略纲要》，2022 年《数字乡村发展行动计划（2022—2025 年）》出台。“数字整合”成为互联网时代国家意识和政权整合乡土社会的方式。政务服务“线上办”“就近办”，医疗健康服务网络化、集约化以及针对农民的智慧法律服务平台等公共服务网络在农村地区大力推广，不仅旨在满足农民的个性化、针对性的需求，也期待拉近村民与农村政权组织的距离。

（二）农业数字化发展及区域差异

城乡关系是国家实现现代化的关键问题，城乡问题的解决直接影响国家结

① 卢盛峰，洪靖婷．乡村电子商务建设与区域协调发展：来自中国电子商务进农村试点的证据［J］．经济评论，2023（5）：71－88．

构转型的方式和结果。城乡融合是发展趋势，高量重塑城乡关系，方能更好地激发农村内部发展活力，优化农村外部发展环境，推进人才、土地、资本等要素双向流动，为乡村振兴注入新动能，加速和实现城乡一体化发展。整体来看，城乡经济融合发展是一项复杂而又具有重要意义的任务，新时代新征程，坚持城乡经济融合发展，必须立足推进中国式现代化的现实需要，深刻认识工农城乡关系发展规律，精准把握主攻方向，在制度上强化政策性集成，在发展动力上强化数实经济融合，在要素资源配置上强化城乡双向流动，在物理空间上强化以县域为核心切入口，形成“以县城为中心、以乡镇为节点、以农村为腹地”联动格局，形成工农互促、城乡互补、协调发展、共同繁荣的新型城乡融合经济发展共生关系，高质量推动城乡融合发展，持续激发发展的内生源动力。

全面推进乡村振兴的重要任务是推进农业绿色可持续发展，实现数字技术对农业降本、提质、增效，数字技术正以渗透性强、灵活性高等特点加速产业融合，推动各行业数字化转型。随着数字技术与传统农业的深度融合，将数字化技术和信息化手段贯穿到农业生产的全流程，不仅节省了大量人力成本，让管理决策更加便捷，而且提升了农业生产效率，优化了农业产业结构。数字农业、智慧农业逐渐成为农业现代化发展的新形态，预期到 2025 年，数字农业农村建设取得新进展，数字乡村战略实施取得新成效，数字化引领驱动农业农村现代化发展，从而实现农业产业高质量发展。

近年来，聚焦数字赋能农业发展，我国先后建立了智慧果园、数字渔业、数字蔬菜工厂、数字化生态无人农场等多种试点形式，实现了数字技术对农业生产的全自动监管。华为《联网农场——智慧农业市场评估》报告中提出，预计 2025 年智慧农业的全球市场价值可达 683.89 亿美元（约 5 000 亿元），主要应用于土壤监测、精准农业、智能灌溉等方面，数字农业的发展已经成为全球共识。可见，在全球数字化转型发展趋势的推动下，以数字经济赋能现代农业是农业高质量发展的必然选择，也是推进农业农村现代化发展的必由之路。

目前东部沿海地区农业数字化转型水平更高、效果更好，中部次之，而西部的发展则较为落后。其中浙江和广东是中国农业数字化转型效果最好的两个省，原因一方面是这两个省的数字技术更为先进，更容易与农业产业相融合；另一方面可能与电子商务的发展有关，浙江和广东的电商发展水平在全国排名前列，有着较大的市场容量和交易规模，电商能够助力农产品流通，从而助推农业数字化转型更好地发展。而青海和西藏是农业数字化转型质量较低的两个地区，经济发展水平较低、数字技术较为薄弱以及农业电商融合程度不高可能是农业数字化转型效果较差的原因。东部地区农业数字化发展情况整体优于中部、西部，并且东部地区与其他地区在农业数字化转型方面存在严重的两极化，最可能的原因是地理位置的差异影响。

全国农业数字化发展水平呈现出东部较高、中西部偏低的特点，并且这种差距具有逐年扩大的趋势，究其原因可能有三个方面①。

一是禀赋效应。东部地区具有农业产业数字化发展的禀赋优势，例如农业机械化水平较高，地理环境优越，气温适宜，水资源丰沛，土壤肥沃。二是政策先导。浙江、福建等东部省份通过构建政策矩阵延展数字经济产业链，在政策优势和产业优势的双轮驱动下农业产业数字化动能强劲。三是西部地区经济发展较为落后，配套的数字化基础设施也相对薄弱，数字化技术和信息化手段更多来源于东部地区，因此农业数字化转型不能很好地落地实行。同时，也与数字人才缺失、农民数字技术匮乏有关。

首先，从农业数字化发展的综合指数及排名来看，我国农业数字化发展整体情况向好，综合指数总体呈增长模式，并且农业数字化发展较好的和较为落后的地区排名均比较稳定，农业数字化发展呈现稳定增长态势；其次，农业数字化发展呈现两极分化趋势，各地区农业数字化发展情况存在显著差异，具体表现为东部最好，中部次之，西部较落后。最后，农业数字化作为农业产业与数字技术结合的新业态，是建设数字中国的重要内容，也是我国从传统农业向现代农业转型的必经之路。

数字化转型不仅能够有效地提高农业生产率，还能够更好地把控农业全流程生产要素，合理利用农业资源，降低成本投入。

(1) 持续夯实数字基础设施，营造农业产业数字环境。数字基础设施是各地区发展数字经济的重要抓手，也为推动农业现代化发展奠定基础。东部地区与中西部地区在农业数字化发展中存在较大差异，东部地区数字技术更加先进，农业数字化转型效果更好，所以应将农业发展的重心放在降低数据处理成本，提高数据资源利用率，从而提升农业生产效率。西部地区经济发展较为落后，地理位置偏僻复杂，配套的数字化基础设施也相对薄弱，一些先进的数字化技术和信息化手段更多来源于东部地区，西部地区在数字基础设施建设方面

---

① 苏锦旗，潘婷，董长宏．中国农业数字化发展及区域差异评价［J］．西北农林科技大学学报（社会科学版），2023 (7)：135-144.

仍有较大的发展空间。

因此，中西部地区应提升数字化基础设施，夯实农业数字化转型的根基，提升网络速度，加快信息之间的互联互通，推动信息服务深入农业农村生产活动当中，帮助农户解决农业生产当中的实际困难，从而为农业农村精准管理提供有力支撑，促进农业现代化高质量发展。还需要加强数字人才建设，开展数字技术培训，为农业农村现代化全面建设提供人才支撑。

（2）推动数字技术与农业产业融合，促进农业数字化发展。数字技术是提高农业生产的关键要素，是传统产业转型升级的切入点。各省（市、区）需要明确各地的农业产业结构，根据不同的区域结构特点，选择符合地区农业现代化发展的数字技术。对于农业数字化发展较好的地区，应该更加注重农业与数字技术融合的创新性，创新农业数字化融合发展模式，激发数字经济的发展潜能。对于农业数字化转型较为落后的地区，如青海、宁夏、新疆等地，需要综合考虑各地区农产品的特殊性和多样性，采用合适的数字技术助力农业生产和管理决策，并积极探索各地特色农产品借助电商渠道促进商品流通的方式，例如西藏、宁夏、青海等地经济发展虽较为落后，但是具有独特的气候，生产出西藏青稞、宁夏枸杞和青海冬虫夏草等具有地方特色的产品，各地区不仅可以通过电商平台销售这些特产，还可以对农产品进行二次加工，提升产品价值，形成特色产业链，进而利用电商助农推动乡村振兴发展。

（3）加大政策引导，缩小区域数字“鸿沟”。农业政策是对我国农业发展总体趋势的全面判断和整体把控，各地方政府通过政策导向，充分发挥政府角色，及时了解到与农业数字化相关的政策文件，分析市场变化和行业走向，利用强农惠农政策促进各地区农业现代化发展，积极引导社会各界对农业领域更多的支持，从而帮助一些农业数字化发展薄弱的地区更好地转型升级。对于经济发达的东部地区而言，在政策优势和产业优势的双重驱动下推动农业产业数字化的高质量发展，如东部“一号工程”的全面部署，不仅扩大了农业数字化规模，也为实现2025年智慧农业发展目标奠定了基础。与此同时，仍需根据每个省（市、区）的农业现状，因地制宜地构建符合各自发展情况的农业数字化转型路径。发展较为落后地区可以借鉴发展较好地区的经验，并通过政策导向，吸引社会投资，从而形成一套有地方特色的农业数字化转型体系。

中国有很多乡村，由于缺少特色产业和文化资源，在电商发展过程中面临一些困境，难以形成智慧农业和智慧乡村建设的技术资源和机制。所谓“智慧”，意味着以技术为中介来推动乡村的福祉和繁荣，根本还是要回到人的发展的旨归上。因此，智慧农业和智慧乡村的建设过程中，技术的“本土化智慧与创新”应成为未来的发展方向。

乡村本身是具有脆弱性的，尤其在当前发展格局之下，城乡差距大、乡村空心化、乡村发展资源不平衡等问题仍然是当前乡村发展需要面临的根本问题。城乡差距与资源差距在互联网中被放大，乡村和农民难以通过自身的能动性来弥合差距，反而容易形成仇视与自我放弃，造成社会心态的波动与割裂，这种心态的波动尤其容易发生在“小镇青年”“青年新农人”身上。因此，技术给乡村带来的影响是复杂的，威胁与风险可能潜藏在所谓的“互惠”和“颠覆”之下。如火如荼的数字乡村、智慧农业的发展与建设是否能够真正解决乡村的“空巢”和发展不平衡的问题，以及在人与技术的“共谋”之下，乡村的未来将走向何方，都是中国乡村的互联网技术实践需要多方警惕和思考的问题①。

党的二十大报告明确指出，全面建设社会主义现代化国家，最艰巨最繁重的任务仍然在农村。农业农村在我国县域经济社会结构中占据较大比重，县域经济在带动农业农村长期发展方面具有重要作用。县城是连接城市和乡村的纽带，在促进经济增长和带动农业农村发展中始终占据重要地位。推进以县城为重要载体的城镇化建设，不断完善县域资源整合机制、党建引领基层治理机制、城乡融合发展机制，是中国式现代化进程中实现乡村振兴的有效路径。发展县域经济体系建设已经成为国家现代化的“枢纽工程”。县域范围内具有相对完备的经济体系和较为丰富的资源要素，其经济结构既包括城镇又包含乡村，产业体系涵盖生产、分配、流通、消费各个环节。实现县域内经济、文化、社会、生态、产业的融合，不断优化农业生产效率，保障农户就业，打造规模经济效益，是高质量推进国民经济发展的重要途径。如何推动县域经济体系建设发展？需要“建立资源整合机制，以此促进县域范围各类要素的有效整合”。

一是要把发展服务经济和县城、村镇建设结合起来。以复合型文旅、商贸、教育、农业、大健康、夜间经济、村集体经济、棚改/旧改、数字电商等，打造“满足美好生活需要的重要载体、促进消费转型升级的有效抓手、提升区域品牌形象的闪亮名片、拉动区域经济发展的强力引擎”。

二是要把产业园区发展同内外区域经济结合起来。充分发掘、发挥地域资

① 资料来源：https：//mp. weixin. qq. com/s/1NLPqbxvrmEh9icv70IR7g.

源禀赋，调整产业结构，形成优势特色明显的规模化产业，加强人力资源整合，精准对接供给侧和需求侧，开展适合的职业教育和创业培训，发展多渠道灵活就业，提升本土化商业发展的内生动力和活力。

三是要充分利用好“反向飞地经济”，化被动为主动，从行政主导转向市场主导。县域在谋划“反向飞地”时，要绑定本地企业发展需求，政企“抱团出海”，让大城市“不为我有”的人才能够更好地“为我所用”，助力本地产业创新转型。要以战略的眼光重视“反向飞地经济”，以之为纽带，打通两地产业市场。县域主动在大城市搭建起的“反向飞地”，是一种以“互联网思维”融入大城市产业生态、抢占产业增量空间的有力平台。它不只是一个孵化器或招商中心，而应是县城瞄准新兴产业增量，在大城市的地界培育自己的产业，抢占新兴产业生态位的前线阵地；更应成为集中展示本地产业实力，助推本地企业走向更高市场的开放窗口。

以推动和建设健全“全国统一大市场建设”为方针，能够为建立城乡融合发展和资源要素双向流动机制，引领城乡融合发展指明清晰的工作方向，提供根本遵循。如何能够有效吸引城市的资源、资产、资金、人才等要素向农村流动?

一是要多维联动，创新政策体系并有效发挥其协同作用，城乡要素流动涉及城市与乡村、经济与社会、人口与资源环境等多方面，要确保已有政策落实到位，缺位政策及时补上，多项政策（财政、人才、金融等）协同联动，共同发力。

二是对症下药，深化改革，补足短板，全面完善城乡要素流动的渠道和载体建设，要依托乡村自身资源禀赋，科学论证，因域施策，从实际情况出发，以目标结果为导向，监管跟紧，改善营商综合环境，便捷城乡交互，要坚持政府引导与市场机制相结合，坚持兼顾农民收益基础上各类主体的利益。

三是探索城乡融合发展新路径，健全多元投入保障机制，提升公共服务水平，加快城乡基础设施互联互通，促进城乡基本公共服务、社会保障体系的一体化，为推动人才、土地、资本等要素在城乡间双向流动提供支撑。

（三）农民数字化转型的现实困境

农村电商怎样引领“农”“商”的数字化转型？电商凭借渠道优势和数据优势，可以赋能“农”“商”主体前所未有的能力，倒逼供给侧改革，促进创新，最终达到提升绩效的目的。

乡村治理数字化对于加快推动乡村振兴，切实提升国家治理现代化水平具有特殊意义。党的十八大以来，党和国家高度关注乡村治理数字化，并积极探索相关体制机制创新。2018 年中央 1 号文件首次提出数字乡村概念。2022 年出台的《数字乡村发展行动计划（2022—2025 年）》进一步提出“数字治理能力提升行动”。信息技术短短数年间便嵌入了乡村治理的方方面面，重塑了乡村治理的形式与内容，乡村治理格局产生了深刻变革。在此乡村治理数字化过程中，农民的参与不足与主体性缺失弊端日益凸显，呈现“农民不动”的样态，加剧了农民的“离场”，导致数字治理“悬浮”。因此，实现乡村治理数字化中农民主体性的提升成为亟须解决的问题。

1. 数字农民的生成

农民是数字乡村建设的受益主体和主要参与者，数字技术在嵌入乡村社会的过程中促进了农民的数字化转型，推动了数字农民的生成，培育了数字乡村建设的主体和内生基础。

第一，数字技术为农民的生活场景赋能。农民日常生活的社交、出行、购物、娱乐、金融支付等领域逐渐融入智能化与信息化要素，微信、抖音、滴滴、拼多多、支付宝等互联网产品在乡村生活场景中被广泛应用，农民由此享受个性化、高效化和便捷化的数字服务。例如，在智能手机使用场景上，生活服务类应用是农民日常手机使用的主要方面。以抖音、快手为代表的新一代短视频平台正迅速融入农民的生活，突破了农村空间和地理限制，促进了农民个人空间与公共空间、虚拟世界与现实世界、农村生活与城市生活的交替转换，呈现了乡村生产生活的多元景观，实现了数字技术对农民生活的多元化内容场景赋能。上述生活化场景的数字使用是农民感知数字化的重要维度，它催生出新的生活方式和社会体验，构成了农民数字生活的重要内容。

第二，数字技术整合的资源和信息为农民提供了专业化农技指导，促进了农民科学化生产经营和决策，优化了农民的生计结构，丰富了农民的职业与角色。电子商务、乡村旅游、淘宝网店、直播带货以及智慧民宿等数字经济新业态为农民、农村小生产者和新型经营主体进入商品市场、获取市场信息和服务（如职业培训、金融服务）创造了条件，拓宽了农村生产者的生计方式和收入渠道。农民正逐渐从农业中抽离出来，由依靠土地等传统要素转变为依靠网络化和信息化等技术要素，深入农业生产、流通、服务等领域，实现单一的农民角色向新型职业农民、数字农民（如微商、直播带货主播）等角色多维转变。

第三，在数字时代，数字技术有潜力通过促进知识共享和信息交流来解决个人和社会发展过程中的障碍，并且搜索、获取和使用数字技术的能力是个人获得福祉的关键。互联网实现了信息、知识获取的去权威化和去中心化，并具有“多维刻画”“瞬时传播”和“快速匹配”信息知识的特点，从而使农民受益。就信息的密度而言，互联网在承载传统的文字、图片等信息的同时，还承载包含社交互动、地理位置等内容的信息。例如，抖音等短视频平台以文字、图片、视频等形式呈现邻里生活、传统文化、乡村景观、公共事务等多维信息。就信息的传播速度而言，互联网改变了信息的传播形式、路径和速率，能够打破乡村生产生活的时空分离限制，为农民推送快速变化的信息。就信息内容的匹配度而言，在算法推送下，互联网平台能够根据农民的注意力，精准配置相关的生产、生活信息。这种信息要素会进一步拓展农民的资源空间和知识空间。农民由此根据兴趣、倾向和数字素养，通过互联网获取个性化的知识与技术。在不同维度、不同方向的技术流、信息流和知识流汇聚下，互联网已经发展成为农民进行生产决策、科普、接收政策的信息平台和生产生活技能提升的“泛知识”平台。例如，许多农民不再局限于电视和广播等传统的政策信息获取方式，而是广泛借助各类移动应用和自媒体获取政策信息。

2. 农民的数字化转变，面临了以下现实困境

第一，数字乡村的顶层设计与乡村现实情境、农民个体素养存在断层。数字乡村建设的技术支持体系尚未完善，软硬件数字基础设施还没有发展到可供人们公平获取、有效参与和使用的程度，其普惠效应、共享效应等优势尚未充分发挥。各类数字化产品和方案未能关照不同区域间、镇村间和农民群体间的分化与分层状况，不同群体间的网络接入、智能设备拥有、互联网使用等数字化差距逐渐扩大，部分群体尚未享受到数字技术带来的发展红利，这影响了对数字农民的培育。

第二，数字技术本身具有复杂性和不确定性，农民在使用数字技术过程中容易产生数据隐私暴露、受不良信息误导等问题。互联网平台能够掌握用户偏好的有价值的营销信息，以达到获利和控制的目的。以农村电商为例，网购交易数据通常由电子商务中的后台销售点记录和保管，后台销售点会根据农民的使用习惯和偏好推送特定的信息和服务。近些年，风靡乡村的社区团购低价倾销现象，便是互联网平台获取农村消费者的信息和数据，将其转换为流量，以垄断市场的典型案例。农村消费者的个人隐私等信息由此暴露在互联网平台所建构的网络数据库中。此外，在信息爆炸的时代，互联网上的碎片化内容和信息会对农民产生负面引导。一些互联网平台尤其是短视频为了“蹭热点”“引流量”，以醒目的标题、夸张的叙事风格、映照农村生活场景等策略充分迎合农民群体的阅读习惯与心理，部分信息会扭曲政策意涵、歪曲社会事实、夸大社会问题。这种由于数字技术本身的复杂性和矛盾性带来的消极后果会影响农民的数字认知态度和数字融入进度。

第三，许多农民接受新事物、新技术较慢，对数字技术的关注度与接受度不够，尚未形成数字化意识和观念。例如，在乡村公共服务领域，绝大多数农民更关心传统医疗、教育、养老等，对新兴的数字技术及其相关的基础设施服务关注度非常低。在主观意识上，农民有自身既定的文化传统和处事方式，部分农民对新兴的数字技术存在抵触与畏惧心理。例如，在农业生产工具的使用上，部分农民认为机械化、数字化设备成本高、操作难，在农业生产中谈互联网信息技术过于“浪费”。此外，技术门槛与农民的数字素养之间存在张力。许多农民的数字素养与技能水平有限，经常由于智能设备操作不当而产生物质利益受损和精神困扰等。许多农民反映，“手机太先进，里面的东西太复杂，使用手机的过程中会被莫名其妙订购彩铃服务等，不知道怎么操作，用手机又害怕上网被骗，”因而不敢轻易使用智能设备。

总体而言，随着技术下乡的日益深入，农民正经历着深刻的数字化转型。当前，农民数字化的路径主要体现为数字技术对农民生活、生产和生计方式以及信息获取和知识素养提升等场景进行赋能。然而，数字乡村的顶层设计与农民需求不匹配、数字支持与推广体系不健全、数字技术本身具有复杂性和不确定性、农民个体的数字化意识和数字素养参差不齐、数字技术与农民个体生产生活的耦合度和适应性不强，成为农民数字化转型的阻碍因素。

（四）广西田东：打造“平安乡村＋农村电商”信息化帮扶之路

中国移动田东分公司积极推动信息技术与帮扶工作深度融合，以信息技术为支撑，加快建设信息化、智能化农村社会治安防控体系，用移动网络推动电商发展，运用互联网的手段激发当地致富新动能。作登瑶族乡平略村陇造屯是典型的大石山村，自然条件非常恶劣。中国移动田东分公司针对当地年轻人劳务输出量大、农村留守老人小孩居多的现状，完善智能化农村社会治安防控体系建设，依托家庭安防视频云平台，打造农村信息化产品“平安乡村”。

近年来，中国移动田东分公司围绕如何帮助农村地区提升综合治理、改善人居环境、便捷百姓生活，解决乡村线上服务“最后一公里”问题，决定以点带面，打造精品案例，在偏远的自然村组，投入资金建设传输线路，增设光纤箱、新增宽带端口，利用移动在农村区域的网络优势，搭建当地视频接入平台，创新推进“平安乡村”建设。同时，中国移动田东分公司还制定“平安乡村”当地优惠政策，并落实“信息帮扶”政策，让客户群众真正得到实惠。

中国移动的“平安乡村”摄像头具有高清晰、低成本、广覆盖、体验优的特点，一是采用300万像素的品牌摄像头、可清晰看到50米范围内的画面；二是每家每户都能装，装完之后分享给统一安防平台，实现家家户户无死角监控；三是手机App以及PC客户端均可以随时随地观看、异常报警随时通知。

中国移动田东分公司还以“网络+”帮扶模式贯穿工作的主线，不断加大农村地区、特别是低收入地区的网络基础设施建设，优先安排资源，努力提升宽带网络覆盖水平。目前，田东县行政村4G覆盖率超过98%，建档立卡低收入村宽带网络覆盖率超过97%。日益完善的网络基础设施，让农村地区广大群众能够享受到与发达地区同样优质的现代信息通信服务。如今，在许多村屯，不仅4G通了、光纤宽带通了，村民们还几乎人手一部机、户户宽带，网络真正做到了“物尽其用”①。

田东县紧抓互联网经济带动传统产业高速发展的历史机遇，大力发展电商行业，利用信息通信技术与各行各业实现产业融合，推动芒果等产业大发展。中国移动田东分公司利用先进的技术和优质网络为电商提供移动业务、全面产品、人员培训等信息化系统服务，进一步推动客户及营销资源的共享，实现全面合作。田东县在优质网络的支持下，建设了电商一条街，通过软硬件配套和资源整合，打造集互联网创业孵化、电商资源对接、电商帮扶和电商人才实训为一体的电商发展圈，促进电商资源整合、抱团发展，做大做强电商行业。

从行政村到自然屯，从乡村到城市，从电话、手机到宽带、光纤、4G，甚至5G，中国移动的基站建在了各村屯，网络信息通信的触角伸向全县的每一个角落。中国移动田东分公司将进一步深化和升级“网络+”帮扶模式，通过“5G+”帮扶、“智慧乡村”整体方案等新技术新模式，帮助农村地区巩固提升脱贫成果、建立长效帮扶机制，不断为人民群众创造更美好的数字生活！

① 资料来源：https://mp.weixin.qq.com/s/ItCzIGu-_iq5nAg5XOaZ_A.

四、农产品电商化实例分析

（一）丽水市农产品电商概述

1. 农产品电商政策环境

（1）国家层面。2015年中央1号文件指出要创新农产品流通方式。支持电商、物流、商贸、金融等企业参与涉农电子商务平台建设；《国务院办公厅关于促进农村电子商务加快发展的指导意见》要求积极培育农村电子商务市场主体，扩大电子商务在农业农村的应用；改善农村电子商务发展环境；《关于进一步加强农产品市场体系建设的指导意见》明确指出未来5～10年我国农产品市场体系建设的指导思想、基本原则、发展目标和主要任务，加快建设高效畅通、安全规范、竞争有序的农产品市场体系。

（2）浙江省层面。《浙江省农村电子商务工作实施方案》指出要积极培育农村电子商务市场主体，加快构建农产品网络销售体系，逐步完善农村网络消费服务体系，搭建农村电子商务产业发展平台，提升农村电子商务管理和服务水平，加大农村电子商务的政策支持力度；《农村电子商务工作指引（试行）》强调要推动传统商贸业利用电子商务转型升级，建立完善的农产品流通体系，加快推进农村农产品电子商务发展。利用大数据指导农产品生产，提高农产品质量与服务水平，推动供给侧结构性改革，鼓励发展农业生产资料电子商务。对传统农业生产资料网点进行信息化改造，通过现代技术为农民提供专业服务。

（3）丽水市层面。《丽水市人民政府关于加快丽水市农村电子商务发展的实施意见（试行）》指出要以农村青年、大学毕业生等群体为重点，拓宽丽水农特产品网络销售渠道，坚持企业主体、政府引导、市场导向，培育和壮大农村电子商务经营主体，加快农村电子商务支撑保障体系建设，强化农村电子商务宣传教育和培训，促进农村电子商务普及应用，不断提升丽水农村电子商务应用水平，努力开创丽水农村电子商务建设新局面。《丽水市农村电子商务三大培育工程实施方案》中将大力推进农村电子商务三大培育工程：万名青年网商培育工程、农村电子商务强企培育工程、丽水特色网货品牌培育工程，做大基础，做强龙头，做优品牌，着力解决丽水市农村电子商务发展中的突出矛盾和问题。

区域电商已经快速崛起。目前，依托本地优势资源，大力发展区域电商经济已经逐步成为各地党委政府的共识。桐庐充分利用其“物流之乡”的优势，成为阿里巴巴首个农村电商试点落户地；临安市立足自己的优势产品坚果炒货和紧贴杭州的优越区位优势，线上线下齐头并进。

2. 新电商模式逐渐成为主流

随着手机移动互联网和物流业的加速发展，交易平台 App（淘宝、京东等）、微信营销、C2B（个性化定制）预售等各种新商业模式更趋成熟和完善，根据阿里研究院数据，移动端的网络购物比例已经超过网络零售总额的 60%，农村居民都用手机购物了。

3. 互联网优势资源不断向农村网购市场倾斜

丽水市创新开展的“赶街”农村电子商务服务站项目对于农村巨大网购市场的触动引起了阿里、京东等国内电商巨头的高度重视，同时，一些创新型互联网公司也纷纷研究“赶街”模式并集中优势资源开展农村电商的布局工作，自从 2013 年“赶街”项目试运营以来，农村淘宝、京东帮、淘实惠等针对农村的互联网项目相继诞生，农村网购市场份额的争夺日趋白热化。

4. 丽水市生态精品农产品发展概况

根据丽水市各区（市、县）的物产现状，其生态精品农产品可梳理成十大产业：生态精品粮食、生态精品食用菌、生态精品名茶、生态精品笋竹、生态精品水干果、生态精品蔬菜、生态精品禽畜、生态精品油茶、生态精品渔业、生态精品中药等。

近年来，在“两山”战略指导下，丽水市新建现代农业综合区 29 个、生态精品林业基地面积 42.47 万亩。新创建生态精品农业示范县 1 个、示范乡镇 15 个，示范家庭农场 218 家、生态精品农产品 230 个。创建“丽水山耕”区域公用品牌农产品 120 个，新增绿色、有机和无公害认证农产品 136 个。

5. 丽水市农产品区域品牌发展概况

在多年“一县一品”的品牌建设策略指导下，丽水市内各区（市、县）根据自身实际，挖掘资源优势，造就了一批各具特色的本土物产，以差异性避免兄弟区县的同质化竞争。庆元香菇与龙泉黑木耳、景宁惠明茶与龙泉金观音、缙云茭白与遂昌四季豆等，均在同一产业品类中实现了差异化生产区隔。

以地理标志产品和地理标志注册商标为例，统计结果见表 1-1：

表 1－1　丽水市地理标志产品汇总

	农产品地理标志产品	地理标志产品	地理标志注册商标
归属部门	农业农村部	国家市场监督管理总局	市场监督管理总局
产品名称	缙云麻鸭 缙云薏米 龙泉金观音 庆元灰树花	松阳茶 景宁惠明茶 龙泉灵芝 云和黑木耳 龙泉灵芝孢子粉 庆元香菇 遂昌竹炭 瓯柑 龙泉青瓷	处州白莲 仙都笋峰茶 遂昌菊米 庆元香菇 龙泉黑木耳 云和黑木耳 松阳银猴 青田石雕 松阳晒红烟 龙泉青瓷 青田田鱼 缙云黄茶

数据来源：根据浙江省地理标志产品整理而得，http：//shop. bytravel. cn/produce/db/index383 _ list. html。

（二）农产品电商发展作用

1. 增加农民收入

当前农民主要经济来源在于生产与销售农产品，提升农产品销量，直接提升农民的经济收入。大力发展农产品电商，可以有效解决农民农产品难卖、贱卖问题，帮助农民降低农产品交易成本，扩大农产品市场销售范围。强化建设电商平台，可以最大程度地发挥农产品特色，打造本地优质品牌，并通过网络快速传播，提升当地特色农产品的知名度与影响力，让农民通过电子商务“大众创业，万众创新”，极大程度上扩大了农产品销售渠道，进而增加农民收入。以丽水市为例，近年来，大力发展农村电子商务，丽水九县市农产品销售额都在快速增长。发展农村电商产业可以为农民带来直接的经济收入，改善生活水平，升级生活理念。而且打造一体化的电商平台，还可以加强农产品的宣传力度，减轻农民的销售压力，使其拥有更多时间参与娱乐与文化学习活动，促进精神文明建设。

2. 促进农业现代化

农村电子商务模式能够提供更为全面的市场交易数据，帮助农民准确地进行市场评估与市场需求走向的预测分析，指导农民合理调整生产计划与规模，促进分散的小农生产和统一的大市场之间的和谐发展。首先，通过电商平台，使乡村居民不出户便可以品尝全国新鲜产品，提升生活满足感与幸福感。再次，发挥特色农产品优势。此外，逐渐完善的网络体系给农民提供更多的技术信息，从而优化本土产品的培育方式，提高产品的产量与质量。农村电子商务将市场信息与先进技术传播融为一体，成为现代农产品销售的最佳渠道，极大地推动了我国农业的现代化发展。

3. 推动新型城镇化进程

强化农村电商建设力度，可以在全国范围内销售农产品，打造一体化的网购与直播平台，为乡村地区带来新型致富途径，丰富乡村居民的生活方式。农村电商改变了传统农业经济和传统产业，吸引众多外出打工农民和大学生返乡创业或就业，农村留守问题迎刃而解。这种以市场化的方式来帮助、引导和鼓励部分农民加入电子商务网络，通过互联网连接的大市场发展特色产业，形成繁荣的商品交易，促使农民生活和生产状态显现城镇化特征。随着丽水农村电商从业人员和创业人数的不断增加，将会显著推进丽水市城镇化建设。

（三）丽水市农产品电商存在问题

1. 网络信息化体系不健全

硬件方面。目前，丽水全市农业信息服务体系框架基本建成。九县（市、区）先后建立农业信息服务组织，市、县农业农村局建立农业信息中心，有专职信息工作人员 23 人。180 个乡镇（街道）组建了农业信息服务站，建立有电脑进入的村级农民信箱联络点 2 875 个，配备村级兼职信息员 3 437 人。全市农户有电脑 4.76 万台，农业种养销大户有电脑 1 190 台，农村中介组织有电脑 350 台，农业龙头企业有电脑 452 台，农产品批发市场有电脑 188 台。然而，由于资金和环境的限制，还是未能做到村村户户接通网络，再加上农村上网费用高，有条件购置电脑、使用电脑的农民仍占少数，网络信息传递的最后环节被截断。以莲都区为例，全区 208 个行政村，电信网络已全覆盖，自然村的网络覆盖率也达到了 98%，但农户电脑的普及率只有 35%左右。

与此同时，在软件方面，农民和企业有使用电子商务的意愿，但是受到了自身素质和知识程度的影响，使自己的这些意愿很难实现。而且农民在销售的时候还是愿意接受现金的交易方式，这与电子商务的简易化交易有所冲突。网上银行的交易以及货到付款的交易在大部分农民中还是很难实现的。

2. 物流支撑体系不完善

丽水农产品物流业起步较晚，物流网络还不够完善，电商的物流模式也只有四种，分别为：邮政体系，三方快递，下乡商超配送，农民自己便携解决。功能齐全的大型农产品物流基地也比较少。目前生鲜冷鲜的配送种类只有食品、医疗药品两种。在全市范围内，冷链车数量有限，顺丰从外地调运，绿盒电子商务有限公司有一辆；冷库数量较少，现绿盒公司拥有一个，水阁某肉制品加工厂有一个。农产品新商贸流通渠道的支撑缺失，造成了电商渠道销售的成本居高不下。

3. 农村电商人才缺乏

目前，丽水市有网店 8 349 家，从业人员 2.2 万人，年销售额 38 亿元。农村电商已经爆发，但电商从业人员亟待提升营销技能和组织能力，电商经济项目管理、电商企业运营等方面的人才奇缺，深谙农村电子商务、能够熟练指导电子商务发展从而推动县域经济转型的领导管理型干部有待培训，同时由于区位等因素，愿意到丽水工作的电商人才微乎其微。未来三到五年，丽水电商人才缺口至少达 10 万人。电商专业人才缺乏问题亟待解决。如何在人才引进与本土人才培养上双轨并进，将是下一步丽水市农村电子商务继续发展壮大的一个重要着力点。与此同时，虽然目前我国互联网普及率为 50.3%，但我国农民、经销商、消费者对农产品电子商务接受度仍较低。受我国传统思想影响，农民信息意识封闭、电商营销观念淡薄，对电子商务的应用十分有限，网络商务交易使用仍处于较低水平。

4. 农产品质量标准体系不健全

农产品电子商务对网上交易的农产品的品质、包装规格以及产品编码都有要求。为此，围绕生态精品农业发展，2016 年 4 月，丽水市牵头启动开展农业生产全程化、标准化、专业化技术服务、农资供应连锁物流配送、农资消费信用合作、农产品溯源为一体的“农作物放心工程”试点工作。但是，目前相关的产品认证体系、溯源体系、检验检测等品质保障体系还很不完善，网商自行申请 QS 认证成本又过高，好产品没有“身份证”，消费者无法识别和放心购买，这又是困扰农产品网络销售的一大瓶颈。

5. 农产品品牌特色不明显

无品牌、无特色制约着农产品电子商务化的发展。农产品电子商务化还要求农产品具有一定的品牌和特色。目前网上交易的农产品基本上都是有自己的品牌的，或者是具有自己特色的。

但是，就丽水市农产品自身品牌建设而言，现状堪忧。从规模上看，销售总量还较小，全市农产品网络零售额（16 亿元）仅占全省总额（180 亿元）的 9%。从品牌上看，影响力还比较有限，农特产网络销售尚未形成统一的品牌和较强的区域竞争力，线上产品的数量、质量和知名度还需进一步提高。截至 2015 年，丽水市在天猫商城开设网店仅 431 家，仅占全省（29 608 多家）的 1.4%。

随着社会经济的发展，一味依靠低价来吸引顾客也是行不通的，因此，只有以品牌为抓手，以品质为核心，以电商为渠道，以定位为基石，全面提高农产品附加值，才能更好地将丽水的生态资源优势转化为生态生产力。

（四）对策与发展建议

1. 加强通信数字建设，提高农村电商信息水平

加大信息化基础设施建设。加快推进全市农村的信息化基础设施建设，加快基础通信设施、光纤宽带网和移动通信网、广电有线网络建设，推动“三网融合”，大力支持无线宽带和光纤到户的接入，积极实施丽水全城 Wi-Fi 的覆盖应用。加强村镇网络建设，推进农村宽带互联网等信息通信基础设施建设，争取乡镇以上宽带全覆盖，为农户网上消费、参与和使用电子商务平台提供条件。同时各运营商要积极支持农村电子商务企业的发展，在提供优质服务的同时，在基本网络建设、资费等方面给予一定的优惠。

加快信息产业化发展。紧扣“大数据”这一产业信息化的核心，用“数据”精确引导销售，用“数据”精准指导生产、农产品销售、加强客户关系管理。组织建立健全大型的综合性农村信息化网站及乡镇一级的电子商务网站，积极推进信息服务网络向县、乡以及产业化龙头企业、农产品批发市场、中介组织及农户延伸，引导农民和涉农企业积极进入市场，多层次、多渠道地参与电子商务。发挥移动电子商务优势。在移动互联网时代，农产品电商也应抓住机遇直接跨越传统电子商务模式，借助移动网络的广泛性和普及性，实现农产品现货交易、农产品信息传播及农产品物流查询等功能。

2. 健全物流体系，利用超市经济线下布局

统筹规划、合理布局农产品配送中心；积极培育农产品流通合作组织，加强技术创新，认真研究农产品的包装技术，提高农产品的包装质量，尤其是要提高农产品的保鲜程度；支持通过搭建标准厂房、利用闲置厂房、闲置校区等建设公共仓储配送中心，开发与各大网销平台无缝对接的仓储配送软件系统，建设科学合理的仓储配送体系，为广大中小网商提供专业化、集约化、智能化、便利化的仓储配送服务。

建设农产品电子供应链网络结构。为政府部门和农户提供更为精确的种植信息和养殖信息，为国家的宏观调控和农户的自我调节提供科学依据。建成一个由农户、农村经济合作组织、农产品加工企业、物流运营商、批发商、零售商及消费者等完整主体链条组成的有机系统，链条中的每个环节通过各自的积极参与提高了自己的关系管理能力。在电子供应链建立了合作伙伴关系的基础上，通过信息服务中心为参与各方提供技术支持服务，参与各方也可以根据实时信息共享进行适时的战略调整，以避免风险，提高应对能力。

以“超市经济”发展体验经济。丽水市“超市经济”闻名全国，北京、上海、宁波等发达城市遍布丽水市外出创业人的身影。为此，可以充分利用丽水市在外创业人员资源，以超市等新型业态为中心，加速建立和完善现代农产品流通体系的进程，与社区便利店、超市、快递点等结合，通过资源整合，推动农产品进入超市销售。将农产品区域品牌形象同连锁超市的整体品牌、连锁企业的整体形象有机结合，提高双方各自的品牌声誉。推行统一采购、统一配送，有利于促进农产品质量全程控制，提高区域品牌农产品的整体质量。

3. 加大电商人才培养力度，引进专业人才

建设多元化的农村电子商务培训体系，有步骤、分阶段提高农民的文化知识水平和农业技术水平。对农民进行信息技术和电子商务培训，教会农民使用和掌握检索网络信息和网上交易的方法、技术及防范风险的方法，提高农民的信息素质和技术水平。

与此同时，要充分发挥妇女“服务大军”的作用。各乡镇（街道）联合妇联组织发动广大农村妇女依托电子商务在家门口创业，打造一支农村电商的女性“大卖家”“大买家”。

广泛开展电商宣传。加强电子商务有关知识的宣传与培训，提高电子商务在农户中的可信度。通过举办形式多样、生动活泼、图文并茂的电子商务科技宣传和培训活动，传播电子商务的应用方法和注意事项，增强农户对电子商务的了解和认识。

深度促进人才回归。全力推进丽水知识青年丽商回归。一是重点围绕在外的电商青年，通过调查摸底、建立在外青年丽商动态数据库，利用开展丽商家乡行活动、组织项目对接会等各种形式，让在外青年丽商了解家乡良好的发展环境和浓厚的创业氛围，促使一批丽水籍青年回乡投资创业。二是鼓励返乡大学生积极创业，予以电商知识培训和资金扶持奖励。

4. 加快标准化建设，健全质量溯源体系

围绕农产品生产，抓质量、促提升。一是结合质量监管处，执法支队积极开展市场专项整治，强化农业投入品监管，为农产品投入市场提供安全保障。二是强化无公害农产品溯源体系，要求农户和生产单位严格做好生产、经营记录，建立档案管理，逐步推行溯源体系。三是落实抽样检测制度，全面掌握农产品安全状况，加大检测力度。四是构建产品质量监控体系。依托农业、林业等系统的产品质量检验检测体系，加大对网销产品的质量监控力度，及时掌握产品质量动态和信息。

5. 农旅结合，发展特色农产品旅游品牌

挖掘特色农产品，创建品牌。在充分调研的基础上，掌握一批区域化布局、标准化生产、规范化管理的网销农特产品，充分结合市委、市政府大力发展生态精品农业的部署，在营销丽水生态产品的网商中大力宣传生态精品概念，通过市场化运作，对产品进行深度包装，提升农特产品附加值，逐渐打响丽水市生态精品知名度。以农村电子商务产品目录征集、十大网销产品征选活动等为抓手，继续开展各类丽水特色网货品牌评比活动，着力打造一批具有丽水特色的网络畅销品牌，促进丽水特色产品的进一步优化，提升市场竞争力。通过农村电子商务营销体系建设，为农村群众提供活动策划、产品包装设计与视频拍摄、代运营、分销体系建设等服务，指导农民创建自有品牌，积极推动“三品一标”“一村一品”农产品网上营销。

农旅合作，加强宣传推介。根据地区景点特色，结合特色生态精品农产品资源优势，打造农产品旅游纪念品。充分利用微信公众号、广播、电视、报纸、微电影、专题宣传片等各类媒体传播形式，营造良好的发展氛围，提升农产品类旅游纪念品的知名度。以各类展会、电商、旅游平台推介为主。整理政府、企业和各类平台资源，将农产品这种实物类产品的销售与旅游的吃住行乐服务类产品销售结合起来，形成地方的特色优势。

立足本土文化底蕴，创造个性文化。深入农产品投放的目标市场，了解目标顾客群的风俗习惯、接受教育程度、消费偏好及影响因素，有针对性地设计农产品文化信息，使农产品文化定位与目标市场特点相吻合。充分利用互联网的交互性特点，使消费者参与到品牌设计中来，共同创造品牌的个性文化。充分依托丽水在生态环境和生态产品方面的坚实基础，结合各地自身的经济结构和生态产业特点，在推进农村电子商务建设中积极营销丽水农特产品，通过生态精品的统一打造，逐步形成具有浓厚地方特色的丽水农村电子商务知名品牌。

第二章
移动电子商务技术创新商业模式

在互联网尚未普及时，人们就提出了电子商务这一概念，后来，随着互联网的普及，人们逐渐达成共识：电子商务就是建立在互联网基础之上的一种新型商务活动。而移动互联网的发展，全球移动互联网产业的发展速度之快、潜力之大，几乎超出所有人的想象，而这也将不断推动电子商务向移动端发展，移动电子商务由此产生并迅速普及。

电子信息技术产业和多媒体数字技术产业的飞速发展，大大降低了电子商务平台的运营成本，让农村地区开展电子商务成了可能。由于生产效率的提高，很多电子产品如手机、计算机等设备的价格逐渐降低，这样农村地区的人们也可以享受到信息技术和电子商务带来的便捷生活。目前，我国现代物流业基本上普及到了全国各地。农村地区的交通情况也逐渐改善，方便了买家与卖家之间的联系和物资传递，使农村发展电子商务成为可能。我国农村电商的发展，对农民增收、产业融合、带动就业和精准帮扶都发挥了重要作用。

数字经济快速发展过程中，新业态、新技术在农产品流通领域渗透融合，以农村电商为代表的新型业态对农产品流通效率提升产生较大影响。电商行业一直是互联网经济的焦点之一，这种新兴的网购方式逐渐进入大众视野，让更多的乡镇及农村消费者不出门也能买到来自全国各地的商品。

随着电子商务在全球不同市场的普及，2022 年全球移动电商应用下载量达到 59 亿次，相比 2021 年增长了 7.1%。在乡村振兴背景下，移动电子商务旨在为农业、农民、农村服务，减少农村消费者的购物和销售成本，拓宽农产品销售渠道，增加农民收入，创造幸福生活。

我国城镇与农村宽带网络覆盖率存在较大差距，为了解决我国宽带网络区域和城乡发展不平衡、发展环境不完善等问题，提出了“互联网＋”行动计划，这一计划为中国农村电子商务的发展提供了重要的机遇。随着我国农村上网人数日益扩大，愈来愈多的农民使用网络完成商品购买和农产品买卖，中国农村电子商务交易市场日益发达。我国农村宽带接入用户整体呈现逐年上升的趋势，截至 2022 年年底，全国农村宽带用户数量为 1.76 亿人，较上年增长了 11.39%，农村宽带用户占比 29.9%，随着我国农村移动网络的覆盖率和基础设施的广泛普及，农村电商在国家大力支持下实现了迅猛发展。

未来农村网民规模以及农村地区互联网的普及率还将进一步提升，进而带动我国农村电商进一步发展。我国农村互联网的普及率逐年上升，农村物流网络日益完善，邮政营业网点实现了乡镇全覆盖，建制村全部通邮。“快递进村”比例超过 80%，“交快”“邮快”“快快”等合作进一步深化，共同配送、客货邮融合等新模式不断涌现。据统计，2022 年，我国农村电商物流指数全年均高于电商物流指数，截至 2022 年 12 月，我国电商物流指数为 102.8 点，农村电商物流指数为 109.9 点。农村电商正为“三农”发展注入新活力，带动乡村振兴提速。国家也不断加大产业电商扶持力度，推动国家电子商务进入农村综合示范县的创建工作中。

在我国农业政策的大力支持下，农村电商行业蓬勃发展，“数商兴农”深入推进，农村电商“新基建”不断完善，农村电商规模稳步提升。直播电商在农村加速普及应用，新业态新模式助力农产品进城，农村生活服务电商快速发展，“新农人”电商创业就业持续升温，农村电商助力乡村振兴的作用越发强劲①。

以移动端口为媒介，把农村的农副产品与城市的消费者进行有效供需对接。此外，构建了一个从产品出厂到发货过程的一站式生态体系，通过提前介入、合作交流、资源转换、生产出货、物流运输等过程，高效地将各类信息资源联接在一起。

一、移动电子商务行业应用及发展趋势

当我们走进咖啡店、餐厅、酒店或者漫步在城市的大街小巷，就会发现有很多的人拿着手机、iPad，人们通过这些移动设备，查看最新的天气预报、新闻、娱乐等资讯，或是聊微信、浏览微博、收发电子邮件、进行网上购物等。在短短几年时间里，移动互联网成为人们生活中必不可少的一部分。

① 资料来源：2023—2029 年中国农村电商行业市场全景调研及投资前景研判报告.

现在的消费者越来越多地依赖移动互联网，不知不觉进入了移动互联网时代。而移动互联网的发展，全球移动互联网产业发展速度之快、潜力之大，几乎超出所有人的想象，而这也将不断推动电子商务向移动端发展，移动电子商务由此产生并迅速普及。这些都将不断催生各种发展机会，其中包括移动电子商务。广义的移动电子商务是指通过移动设备随时随地获得的一切服务，涉及通信、娱乐、商业广告、旅游、紧急救助、农业、金融、学习和商业运营等，可看作对应于 Electronic Business 的 Mobile Business。狭义的移动电子商务是指通过移动终端（如手机、平板电脑和 PDA 等）进行商品或服务交易的商务类活动，只涉及货币类交易的商务模式，可看作对应于 Electronic Commerce 的 Mobile Commerce。

上述两种说法中，都有两个重要的特征，即“移动”与“商务”。在实际应用中，移动电子商务将互联网、移动通信技术、短距离通信技术及其他信息处理技术完美地结合起来，使人们可以随时随地采取线上或线上线下相结合的方式进行各种交易活动、商务活动、金融活动和综合服务活动。我们可以这样认为：移动电子商务的“移动”是手段，“商务”是目的。

人们越来越多地借助手机，实现移动信息查询、广告和音频图像的下载等服务。这些服务构成了早期的移动电子商务应用，并逐渐引起了人们的重视。显然，此时的移动电子商务不是只涉及货币交易的狭义移动电子贸易，而是涉及了广义的移动电子业务。仔细分析这类服务可以发现，其实它们并不是完全的移动电子贸易，而更像一种混合形式。

在我国，直到 2009 年以后，作为应对世界金融危机的举措之一，才开始大面积建设和推广 3G 网络。从此，我国的移动电子商务得到较快发展，现在 4G 网络和应用的迅速普及更是促进了移动电子商务的发展和普及。在 3G/4G 移动终端和应用日益普及、移动电子商务环境日趋成熟的条件下，各种新型的移动商务应用形式会不断出现，移动商务应用范围更加广泛，移动电子商务的含义将会更加明确。

（一）移动互联网及移动技术

随着移动互联网用户规模的大幅增长，以智能手机和平板电脑为主的移动智能终端在规模上已经超过了传统的台式电脑，并且这类新型移动终端的计算能力也在快速追赶台式电脑。智能终端的核心产业——移动芯片需求在 2013 年首次超过电脑芯片，逐渐成为产业的引领者。移动互联网对人类社会的影响深远，并真正促进了网络化社会的形成。

1. 二维码、自动识别（RFID）的应用

相信即使是六七十岁的中老年人现在也不会对二维码感到陌生了，它现在已经成为人们日常生活中随处可见的符号。公交、地铁、饭店、超市、微信、支付宝、食品包装……二维码已经完成了对日常生活的彻底渗透。在移动电子商务领域，二维码更是扮演着重要角色。自从支付宝、微信先后开通二维码支付功能以来，在全国各地的商超、饭馆，越来越多的人不使用现金而使用手机打开付款二维码付账。同时，二维码也开始成为广告主们的新舞台，公交、地铁上越来越多的广告添加了可以下载对应 App 的二维码，公众只要扫描便可以轻松下载应用，这让二维码更加普及。二维码（2-Dimensional Bar Code）是用特定的黑白或彩色几何形状，按一定规律在平面（二维方向）上分布形成黑白或彩色相间的图形来记录数据符号信息的。与普通条码（一维码）相比，二维码可存储的信息量是前者的几十倍，并且在编码译码时加上了密码，保密性更好，而普通条码光凭肉眼就能读出粗细线的意义。二维码可以打印和传真，大大减少了制作成本，而平常看到的普通条码内容只是一个关键词，完整信息仍保存在数据库中，打印和传真件识别不出条码内容。再次，如果普通条码折叠或出现了磨损的情况，那么它也就无法被识读出内容，而二维码则采用了“错误纠正技术，在磨损率达到 50%的情况下仍能读出有效信息。目前，二维码在移动电子商务领域得到了广泛应用，关注度与日俱增。电子商务网商品的外包装、火车票、机票、各类消费场所以及电视屏幕上都可以发现二维码的身影。许多企业看好二维码的应用前景，纷纷投入到二维码的应用中。对于中小企业而言，在营销费用短缺的情况下，二维码可以作为企业的基础营销工具。可以将二维码置于企业网站、营业场所中的海报、杂志、水牌、桌贴以及 DM 单上，甚至可以置于户外广告牌和公交、地铁等载体上，消费者打开任何二维码扫描软件扫描特定的二维码，即可快速与企业互动，建立与企业的直接联系通道。

射频识别技术（RF）是一种典型的自动识别技术，其对于移动电子商务具有重要意义。无线射频技术（RFID）应用领域包括运输业、仓储业、包装业、装卸业、物流信息业和加工配送业等。根据物流供应链管理的需要，主要有储存、运输、装卸、包装、配送等应用场景，都可应用 RFID 技术进行运输管理、货物跟踪以及物流数据交换等，RFID 技术的应用也延伸到公共管理领域，包括医药业、人员管理、门禁管理和交通领域等。药品上的电子标签能防范假药和降低处方误差等；与车牌识别技术的有效结合能对所有车辆实现高度自动化检查；生产领域包括制造业、汽车业、农业等，生产领域使用电子标签，可以全面提高生产、制造和加工产业的管理效率；在政府应用中，包括电子政务和国防与安全等，RFID可以使电子政府服务更灵活、有效和安全，而且可以在政府增强国防和安全体系方面发挥重要的作用；在消费者应用上，包括图书馆和影视出租商店、个人福利与安全、体育与休闲、购物与餐饮和智能家居等，RFID技术可使图书馆管理员更方便地管理借还书和控制借出的图书，用户在购物与餐饮时能快速结账付款，还可以方便人们的日常生活。随着技术的不断进步，RFID产品的种类会越来越多，应用也会更加全球化。相信在来的几年里，RFID技术会越来越完善。

2. 云计算、人工智能（AI）的应用

云计算的概念是2006年谷歌首席执行官埃里克·施密特提出的。从被提出之日起，云计算便因其极具革新性的理念而被业界广泛关注，因而成为整个IT行业中最为热门的核心话题之一。大数据时代的到来，是全球知名咨询公司麦肯锡最早提出的。“数据，已经渗透到当今每一个行业和业务职能领域，成为重要的生产因素。人们对于海量数据的挖掘和运用，预示着新一波生产率增长和消费者盈余浪潮的到来。”近几年，大数据一词的持续升温也带来了人们对大数据泡沫的疑虑，大数据的前景与目前云计算、物联网、移动互联网等是分不开的。

云计算应用于移动商务领域，将为众多移动商务企业的发展提供全新的技术基础和服务模式，尤其是中小企业将获得更廉价的资源、更广阔的发展机遇和更完善的服务。

云计算移动商务模式将涵盖信息技术服务、营销和管理等各个业务领域，提供移动商务交易和移动商务服务的综合性平台。云计算下的IaaS、PaaS、SaaS服务模式，让企业不再需要建设自身的信息中心，无须再投入大量的资金和人力、物力来进行信息中心的开发和维护。这些工作都将交给云计算服务商来为企业量身定制，企业因此可以专注于发展自身的核心业务。此外，云计算让移动商务企业的核心数据也能得到更妥善、更完整、更安全的保存。

任何从事移动商务的中小企业都会为保证后台海量数据的安全而煞费苦心。但由于自身专业技术团队力量的薄弱，仍会频繁出现服务器被攻击、信息被窃取、数据被篡改等问题。而在云计算模式下，其数据存储的高度分散性、数据管理的高度集中性以及数据服务的高度虚拟化，将提供更加安全的数据服务。与此同时，云计算服务还会自动对数据进行统一管理、分配资源、均衡负载、控制安全，并进行可靠的安全实时监测。在某台服务器出现故障时，管理监测软件将利用克隆技术或在线数据迁移技术，将数据快速复制到其他服务器上，并启动新的服务器继续提供服务，以保证服务的高可用性、完整性和安全性。

目前，大多数电子商务，包括移动商务企业，在商业智能领域遇到的困难主要来自以下几个方面：随着用户数量的增加，产生的海量数据要求有更强大的数据存储和管理能力，同时需要更强大的数据挖掘能力，这样才能帮助企业做出明智的商业决策。随着需求的不断变化和应用的复杂化、多样化，对商业智能的实时性要求也越来越高。这就需要移动商务企业后台具有更加快速、高效、稳健的运行性能，同时还应具有良好的扩展性。高成本也是制约移动商务企业，尤其是中小移动商务企业发展商业智能的一个重要因素。

云计算所提供的大型数据中心，以及海量的数据存储、运算、分析、挖掘能力，为移动商务企业发展商业智能提供了良好的基础。而“租赁＋服务”的资源分配和交付模式，也为中小移动商务企业发展商业智能提供了巨大的成本优势。

将云计算运用于移动商务环境，构建新型的商务模式，其主要思想还是基于移动外包服务的应用。利用移动外包服务能提供“按需分配”的特点，移动商务企业可以在需要的时候快速获得相关资源和服务，不但免去了移动商务企业自身前期建设和后期维护等方面的烦恼，而且服务提供商也能利用“云”同时为众多用户提供服务，实现更深层次的资源共享和技术外包服务。

人工智能是研究、开发用于模拟、延伸和扩展人的智能的理论、方法、技术及应用系统的一门新的技术科学。人工智能是电脑科学的一个分支，它企图了解智能的实质，并生产出一种新的能以人类智能相似的方式做出反应的智能机器，该领域的研究包括机器人、语言识别、图像识别、自然语言处理和专家系统等。

人工智能的定义可以分为两部分，即“人工”和“智能”。“人工”比较好理解，有时我们会考虑什么是人力所能及制造的，或人自身的智能程度有没有高到可以创造人工智能的地步等；“智能”涉及其他诸如意识、自我、思维（包括无意识的思维）等问题。人工智能目前在电脑领域内得到了愈加广泛的重视，并在机器人、经济政治决策、控制系统、仿真系统中得到应用。

在电子商务领域，导购服务、仓储物流往往需要耗费大量的人力、物力，由此带来的成本不容忽视。要想对这部分成本进行压缩，就必须大量使用机器来替代人工，而时下如火如荼的人工智能将会成为解决此问题的关键因素。当然，人工智能的应用不会局限于上述层面，它对电商行业的价值体现将是全方位的。

人工智能有助于提升服务品质，降低人工成本。在行业日趋成熟的背景下，电商对服务体系的要求越来越高。举个简单的例子，用户在网购某些家电产品时，总希望能得到详尽、专业的解答，这一点正是传统实体店的优势，如果人工智能足够强大，可以用智能客服替代人工客服来完成相关问题的解答，必然会优化用户体验，实现服务品质的提升，因为这种服务方式不受时间、空间的限制，同时，也会降低相应的人工成本。

仓储物流方面，人工智能大有用武之地。现如今，诸如阿里、京东等巨头正在加快无人机、无人仓的应用，这一点也符合人工智能的理念。在过去，仓储物流主要靠人工来做，现在，无人机可以根据提前设置好的路线智能运输货物，无人仓可以科学、合理地对包裹进行管理、分拣。这不仅降低了错误率，而且也节约了人力资源成本。

人工智能有助于满足日益复杂的电商应用场景。当然上面说的仓储物流属于相对单一的电商应用场景。实际上在电商运营的整个流程中，“最后一公里”的服务尤其重要，而且所面临的应用场景更为多元化。例如，在小区、写字楼、商场等不同的区域，“最后一公里”的服务性质、内容也截然不同。而在人工智能的帮助下，电商企业通过科学合理的分析、计算，有望推出适应于不同场景的解决方案，实现效率和成本的平衡。

人工智能“镜像”消费者喜好。人工智能对电子商务还有一个重要价值就是“镜像”消费者喜好。简单来说，人工智能的相关技术就像是一面镜子，对于海量消费者的喜好、反馈等信息进行汇总、统计，然后进行画像。和一般的大数据分析所不同的是，人工智能具备一定的学习能力和思考能力，其分析出的结果往往更接近消费者的真实想法。这样，无论是商品的改进，还是服务的优化，都变得有章可循。

现如今，人工智能已经步入快车道，而随着技术越来越成熟、应用越来越广泛，未来对电子商务的拉动作用也不容小觑，相信人工智能将成为电商变革的重要助推力。

（二）移动电子商务与电子商务的区别

桌面互联网的普及为人们创造了许多电子商务的应用形式，特别是信息的发布、搜索和商务活动的便捷，降低了信息不对称程度，使商品的生产者与消费者有更多的机会直接接触，进而对传统商务活动带来了很大的冲击。而移动互联网技术的进步，为电子商务向移动电子商务方向发展提供了更大的空间。由于移动互联网和移动终端的新特性，移动电子商务与电子商务不仅仅有“无线”与“有线”的区别，而且在技术特点、商业管理、商业模式和市场规模等方面都有较大的区别。现阶段，我们关注的重点是3G/4G环境下的移动电子商务。因此，下面将仅考虑在3G/4G移动互联网条件下，移动电子商务与电子商务在若干方面的区别。

服务个性化区别。移动电子商务的通信速度受无线电频谱的限制，带宽有限。但移动互联网具有地理定位功能和移动终端私有化，因此移动商务可以充分利用基于位置的个性化服务。而电子商务强调的则是无差别的服务。

终端设备区别。电子商务使用个人电脑，显示器屏幕大、内存大、处理器快、采用标准键盘，不用考虑电池问题。移动通信设备则相反，屏幕小、内存小、处理器慢、输入不便，电池一次不能用太久，因此移动商务的信息比较简洁，不宜处理复杂应用。

用户群区别。移动商务的潜在用户群远大于电子商务的用户群，但这个群体分布不均且文化差异大。在移动商务开发中必须更多地处理这种差异。

移动性区别。与电子商务相比，移动电子商务因终端设备的移动性而产生更多的商业机会，更能实现个性化服务。但在需要处理大量数据的场合，移动性又给商务活动带来许多不便。

时空约束区别。移动电子商务往往与空间和时间有关，更能实现个性化服务，更能满足用户与位置有关的需求，如在陌生城市找理发店、餐馆和酒店等。许多移动商务有时间限制，如医疗救护和限时特价酒店等。而电子商务通常强调不受时间和空间的影响，都能提供一样的服务。

商业模式区别。电子商务更强调低成本和无限的网络空间，消除信息不对称，提供无限的免费信息服务。而移动电子商务更多的是针对差异性，通过提供差异化的个性服务来盈利，如位置变成产生价值的来源。另外，移动商务的商业活动必然要考虑带宽和流量成本，这方面的成本将随着4G和5G通信技术的成熟逐步降低。

当然，移动电子商务与有线电子商务相比有许多优点，主要包括以下几个方面：一是使商务活动的信息互动更高效、更及时。二是使商务活动的规模更大、机会更多，不限于仅坐在计算机前才能开展商务活动，而是随时随地都可凭借智能手机来进行。更大的规模和更多的机会，让企业与用户双方均可得利。三是通信终端的私有性帮助交易双方确认对方身份，使得移动商务供应商能精准地与最有希望达成交易的用户交互，提高了交易的成功率。

（三）移动电子商务的特点

相比基于桌面电脑互联网的电子商务来说，移动电子商务具有以下显著特点：

时空无界性。移动用户可以在任何时间、任何地点查询所需的商品或服务信息，启动、协调和完成移动交易。这使得经常出差的用户和经常离开办公桌的用户都不会错过交易机会，如股票交易或网络拍卖等。同时，也能帮助在野外作业的人员（包括旅游业工作人员）随时随地处理商务信息。

便捷性。不受地域限制，采用便捷的通信方式查看邮箱、收发即时信息和交换文件等，都因移动互联网的普及而变得非常容易和便捷。

位置相关性。采用全球定位系统（GPS）和基于位置服务技术（LBS），可以帮助服务提供商更准确地识别用户所在位置，从而向用户提供与其位置相关的信息，如附近的旅游景点、酒店和餐厅等。在许多性命攸关的需要位置信息的急救场合，GPS还可以结合地理信息系统（GIS），帮助人们更快、更准确地找到需要帮助的人。

个性化。由于每部移动终端都有唯一的SIM卡（智能卡），关键的移动应用也需要经过实名认证，因此服务提供商可以很方便地通过它收集用户信息。商家通过收集用户的以往数据，包括移动数据和交易偏好等，采用数据分析与数据挖掘工具，帮助用户发现自己的爱好，从而更精确地提供用户所需的服务。同时，消费者在经过自己许可的情况下，让商家帮助收集自己的数据信息，从而为自己提供更好的服务，还可让商家根据自己的要求提供一定的隐私保护措施。

移动互联网的发展，无论是全球移动互联网产业还是中国移动互联网产业，其速度之快、潜力之大，几乎超出所有人的想象，而这也将不断催生各种机会，其中就包括移动电子商务，同时我国移动支付用户规模将持续扩大，用户使用习惯进一步巩固，网民在线下消费使用手机网上支付比例逐年提升。

近几年，移动游戏行业发展硕果累累，依靠人口红利优先获得了大量关注，在中国零售市场线上线下加速融合的大趋势下，消费场景日益多元和分散，逐步构建起全渠道零售网络。移动端作为连接线上、线下消费场景的核心途径，得以进一步渗透发展。如今，移动互联网用户规模已超过传统互联网规模，移动互联网孕育着巨大的商机。趋于理性，以及更多具有运营研发优势的上游企业的进入，都将给移动游戏行业的发展提供更良好的驱动力。以苹果App Store为代表的移动互联网应用的飞速发展是推动移动互联网迅猛发展的强大动力。

应用商店推动移动互联网应用普及，满足了网民多元化的信息需求，从而改变了网民娱乐、生活和工作的方式。

“SoLoMoEc”（Social、Location、Mobile、E－Commerce）代表了移动电子商务发展的总体趋势。近年来，随着以智能手机、平板电脑和可穿戴设备为代表的智能终端的普及和服务模式的创新，移动电子商务产业成长迅速。同时，各类移动应用软件层出不穷，数量持续增长，成为互联网产业发展中的最大亮点。移动购物、社交网站、微博、微信、手机支付、手机直播、移动学习等移动互联网应用发展迅猛。中国互联网的三巨头BAT（百度、阿里巴巴和腾讯）正在加速由桌面互联网向移动互联网布局转化，以适应移动互联网快速发展所带来的巨大机遇。以腾讯和阿里巴巴为代表的互联网公司进行了组织架构的调整。我国三大电信运营商（中国移动、中国电信和中国联通）也积极应对，如中国电信积极推动基地公司化运营。新型产业格局和业务模式逐步形成，移动互联网正在极大地改变着中国网民的生活方式。如今，移动互联网是众多企业正在角逐的新战场。

移动互联网将移动通信和互联网两种技术结合，满足了用户在任何时间、任何地点、以任何方式获取并处理信息的需求。近几年来，中国移动互联网用户爆发式增长，移动互联网这一规模化飞速发展的行业必然隐藏着巨大的利润空间，这为投资者提供了产业发展的巨大机会。

（四）移动行业应用

移动行业应用是基于移动互联网方式、面向广大行业用户的信息化服务，具有低成本、低投入、即时开启、使用友好且高度定制化等特点。其具体针对的是各类型企业用户以及政务、医疗、物流、家居、金融等几乎所有的行业领域。

移动政务。移动政务通过诸如手机、PDA、无线网络、蓝牙、射频识别（RFID）等设备或技术为公众提供服务指引。移动技术的发展，已经引起各国公共服务部门的重视，通过无线接入基础设施为一线政府工作人员和社会公众提供信息和服务，越来越成为各国政府关注的焦点。

移动医疗。移动医疗逐步改变了过去人们只能前往医院“看病”的传统生活方式。无论在家里还是在路上，人们都能通过移动可穿戴设备等向医生提供身体状况数据信息，随时听取医生的建议，或者获得各种与健康相关的资讯。医疗服务因为移动通信技术的加入，不仅将节省之前大量用于挂号、排队等候乃至搭乘交通工具前往医院的时间和成本，而且会更高效地引导人们养成良好的生活习惯，变治病为防病。

移动物流。移动物流就是充分运用移动互联网信息化手段和现代化方式，对物流市场做出快速反应，对物流资源进行全方位整合，实现了物流信息系统的移动化。移动物流应用节约了管理成本，提高了工作效率，增加了货物运送中的透明度，使物流公司能及时准确地掌握车辆、位置等信息，实现智慧物流和智能物流，提高了物流运输质量和运输效率，增强了客户服务能力，从而提升了企业的核心竞争力。

移动智能家居。下班回家，人未进门，灯光已亮；晚安时间，一键控制，家中灯光全灭；走廊里的地灯人来而亮人走而息；家中温度、湿度达到理想状态，自动关闭空调和加湿器；上班时间，门窗打开自动报警……这些都归因智能家居的功劳。智能家居（SmartHome）是以住宅为平台，利用综合布线技术、网络通信技术、安全防范技术、自动控制技术、音视频技术，将与家居生活相关的设施集成，构建高效的住宅设施与家庭日程事务的管理系统，提升家居安全性、便利性、舒适性、艺术性，并实现环保节能的居住环境。在移动互联网、物联网、云计算等技术支持下，智能家居行业被重新定义，不仅包括家庭自动化，还延伸到家居所有物品、环境智能化。

移动金融。移动金融是指使用移动智能终端及移动无线互联技术处理金融企业内部管理及对外产品服务的解决方案。移动银行（手机银行）是最常见的银行提供的对外服务的移动产品，该类应用的核心价值在于增加银行的服务渠道，在提供更方便的服务的同时，不但大大降低了传统渠道的成本，还可以带来新的收益。另外，通过外部渠道还可以整合其他行业的资源，利用移动智能终端对于用户的随身性、便捷性极大地增加边际效益。

（五）移动互联网的发展趋势

在当前的形势下，创业者最热门的话题离不开移动互联网，当然移动互联网产业也受到投资者的青睐。

现在，移动互联网已进入最好的时代，移动电子商务正在高速发展。移动互联网与云计算、物联网的有效融合，带来了无限想象的空间，也为人们的工作和生活带来了极大的便利，拥有更多创新和发展的机会，无论是传统的还是新兴的互联网公司都在摸索。中国互联网信息中心发布数据显示，中国短视频用户达 8.88 亿人，人均单日使用时长为 125 分钟，抖音日活跃用户已突破 8 亿人，创历史新高，快手已经成长为“3 亿＋”日活的国民级短视频直播平台，短视频平台已不是单纯的内容应用，而是涵盖了社交、电商、搜索、生活各个方面，线上购物已经成为老百姓生活的常态。从 2021 年 9 月到 2022 年 9 月，抖音电商助力销售农特产总订单量达 28.3 亿单，平台新农人数量同比增长了 252%。据统计，2022 年一年抖音电商直播间里农产品讲解总时长达到了 3 195 万小时，“三农”电商挂车短视频播放量为 2 873 亿次。

人民网以“迈上现代化国家新征程的中国移动互联网”为题发布了《中国移动互联网发展报告（2023)》，重点关注了移动互联网政策法规发展与趋势、移动互联网加速农村现代化进程、数字化转型与竞争背景下的移动互联网发展与安全等领域；产业篇从无线移动通信、移动互联网核心技术、移动终端的发展趋势、5G 融合产业发展态势等产业链维度梳理移动互联网年度进展情况；市场篇对互联网医院、智能网联汽车、跨境电商等行业亮点进行了分析；专题篇聚焦个人信息保护、区块链技术应用、卫星互联网等热点问题。

泛智能终端成为市场消费热点。2022 年 VR（虚拟现实）终端增长迅猛。前三季度，中国电商市场 VR 一体机销量达 93 万台，同比增长 86%。2022 年 1—11 月份，我国 L2 级智能驾驶辅助功能的乘用车销量超 800 万辆。移动应用程序（App）小幅增长。截至 2022 年底，国内市场上监测到的 App 数量为 258 万款，同比增长 2.4%。5G 规模化应用提档加速。截至 2022 年底，5G 技术覆盖国民经济 97 个大类中的 40 个，应用案例数超过 5 万个，并在工业、矿山、医疗、港口等先导行业实现规模推广。5G 安防无人机、5G＋AR/VR 沉浸式教学等应用场景不断涌现①。

2023 年是贯彻党的二十大精神的开局之年，生成式人工智能取得了突破性进展并加速发展，移动互联网智能化发展趋势将更加明显，人类在经历 PC 互联网、移动互联网之后，正式进入了智能互联网时代。

① 资料来源：《中国移动互联网发展报告（2023)》.

二、移动电子商务商业模式在农村的应用

商业模式是连接技术开发和经济价值创造的媒介，其功能包括：明确价值主张；确定市场分割；定义价值链结构；估计成本结构和利润潜力；描述其在价值网络中的位置；阐明竞争战略。商业模式调和价值创造过程的构造。因此，移动电子商务产业的商业模式是连接移动终端用户（即包括个人及企业的手机用户）和信息服务业经济价值的媒介。

移动电子商务价值链已经在很多方面逐渐改变和重构。同时，对于移动电子商务企业来说，成功的商业模式能使客户蜂拥而至争购你的产品，使你的用户规模不断扩大、流量迅速增长，使你的平台更有竞争力，也使你的竞争对手在竞争中甘拜下风；成功的商业模式能使企业在竞争激烈的移动互联网市场环境中保持市场领先地位。

随着互联网技术的飞速发展，电商行业开始向服务型转变。越来越多的电商企业服务水平逐年提升，开始重视消费者的需求。随着农村居民收入水平的提升，市场需求也在发生变化，人民对美好生活的向往不再局限于物质上的需求，精神上更希望获得满足感和幸福感。目前，农村电商已经形成了农产品电商、农资电商、综合平台电商、网络品牌电商、生鲜电商、信息服务类电商、农业众筹类以及支撑链的产业布局。

虽然现在常常能在抖音等平台上看到农产品直播，但这些基本是 B2C、C2C 模式，产品、销量占比都较小，主要满足个体交易需求，真正的大头还是在 B2B 这边。但 B2B 模式的传统电商模式都较为单一，垂直性较差，不仅难以实现产业一体化，很多信息不够“灵通”的个体农产品生产者仍旧是被“收割”的一批供货商，难以保证他们的利益。

当前移动互联网用户规模膨胀为移动电子商务的发展奠定了庞大的用户基础，移动购物已经成为手机用户首选的购物方式。移动电子商务市场交易额占互联网交易总额的主要份额。移动互联网的巨大市场前景吸引了产业链各方和第三方开发者，它们纷纷涌入移动互联网产业。同时，移动互联网也成为投资者关注的热点，风险投资、私募股权投资纷纷看好移动互联网行业。从风险投资来看，它们投资一家企业或行业，主要考虑的因素有三点：一是该产品或行业有没有市场；二是团队，尤其是团队管理者有没有创新精神；三是看商业模式。从这里可以看出商业模式是多么重要。正如百度 CEO 李彦宏所说：“没有

新的商业模式，用户再多也会失败。”那究竟什么是移动电子商务的商业模式呢？它包括什么内容？有哪些特征？如何实现商业模式创新从而确保移动互联网创新创业的成功呢？研究和解决这些问题无疑对促进移动互联网持续健康发展、帮助众多进入移动互联网的企业走向成功具有重要的现实意义。

（一）移动电子商务商业模式的构成

商业模式决定着企业的命运，成功的企业必然有着成功的商业模式。例如，平台是移动互联网产业的显著特征之一，如果能打造成功的平台，则说明其商业模式取得了成功。苹果公司成为当前全球市值最高的科技公司，其成功在于推出了 iMac、iPod、iPhone 和 iPad 等产品，开创了“终端＋服务”软硬件融合的商业模式。需要注意的是，移动电子商务商业模式并不完全等同于盈利模式。虽然商业模式简单地说就是怎么赚钱，但赚钱只是结果，要实现盈利必须通过一系列价值创造活动，显而易见，盈利模式只是商业模式中的重要内容，但不是全部。

移动电子商务商业模式就是为了提升平台价值、聚集客户，针对其目标市场进行准确的价值定位，以平台为载体，有效整合企业内外部各种资源，建立起产业链各方共同参与、共同进行价值创新的生态系统，形成一个完整的、高效的、具有独特核心竞争力的运行系统，并不断满足客户需求、提升客户价值和建立多元化的盈利模式，使企业达到持续盈利的目标。可以看出，移动电子商务商业模式满足三个必要条件；移动电子商务商业模式以打造平台为目标，建立移动电子商务价值网比较关键。移动电子商务是由多种因素组成的整体，并具有一定的结构。移动电子商务商业模式各组成因素之间具有内在联系，相互作用，形成一个良性的循环。由此可见，移动电子商务商业模式在具体应用时，从商业组织的角度来看，商业模式是企业为客户、合作伙伴、第三方开发者创造价值的活动，是企业通过准确界定自己在价值链中的位置而获得应有的收益，是企业为了获利所形成的组织结构及其与合作伙伴共同形成的价值网络，是能够产生效益并继续维持的客户资源。商业模式很重要，其核心就在于你能给别人提供什么样的价值。因此，商业模式就是围绕着如何提供价值并获得回报来开展的。从移动电子商务商业模式内涵来看，结合移动互联网的特点，可以构建移动电子商务七要素商业模式模型，战略定位是移动电子商务商业模式取得成功的先决条件；打造开放平台是业务平台运营系统的核心；盈利模式是商业模式的输出结果，也是商业模式成败的重要判断标准。这些要素共同构成了移动电子商务商业模式的整体。

战略定位。战略定位即企业面对移动互联网诸多机会时确定企业在市场的定位，明确企业为哪些客户服务，提供什么产品，坚持企业自身有所为有所不为，从而使企业把握经营重心、集中企业优势资源，在移动互联网市场竞争中立于不败之地。战略定位的关键在于企业做好内外部市场环境分析，做好市场细分，并充分结合企业资源优势，从而使企业能在市场中保持优势。

价值定位与需求创新。企业开展移动电子商务要找准目标市场以及客户尚未被满足的需求，通过产品和服务向消费者提供独特的价值。价值定位与需求创新就是帮助客户解决问题，满足客户的需求。做到这一点的关键是企业要做好客户需求洞察，充分利用移动互联网能获得客户数据和信息的优势，并深入挖掘和分析。

最好的产品。移动互联网时代企业提供最好的产品就是通过技术创新，为客户提供最佳体验，切实满足客户的需求。产品和服务的最佳客户体验主要体现在独特性、便利性、切合需求、直达人心、良好的形象等方面。

开放平台。移动互联网的重要特征之一就是打造开放平台，打造开放平台也是移动电子商务商业模式创新的核心内容。开放平台的本质就是构建围绕自己的生态链，通过平台的开放，将自己不擅长的事情开放给合作伙伴们来做，通过丰富的应用来吸引用户，最终将用户“黏”在自己的平台上。打造开放平台不能一蹴而就，而要运用移动互联网思维，遵循移动互联网平台开放规律，对如何开放、开放哪些能力、什么要自己做、什么由合作伙伴来做等问题做出明确的回答。

生态系统。移动互联网的竞争已从单一技术、产品和服务的竞争演化为整合产业链上下游生态系统的竞争。平台终端数量的多少、用户的多寡、应用数量和开发者的多少决定了一个平台的生死前途，而围绕一个平台所建立起来的生态系统的经济价值则是一个平台活力、市场竞争力的直接反映。以打造开放平台、为客户创造价值为中心，打造良好的产业生态系统是企业的制胜之道。

社会化营销。社会化营销即移动互联网企业利用移动互联网、微博、微信、移动客户端等社会化新媒体进行产品分销，开展与客户互动，向客户进行产品推广和品牌传播，建立和维护客户关系：同时，通过社会化媒体了解客户需求和反馈，从而更好地为客户创造价值，达到获取客户、保持客户、提高客户收益的效果。

盈利模式。盈利模式即企业的收入模式，是指企业成功地为价值链各方创造价值并满足客户需求而获得的收入。盈利模式收入来源应是多元化的，收入流可以是一次性的，也可以是长期的。移动电子商务盈利模式来源主要有：商品及服务交易收入、内容收费、专利费、交易分成、广告收入、会员费、数据服务费、增值服务等。

（二）移动电子商务商业模式的特征

IDC的移动互联网研究报告显示，2017年中国移动支付交易规模已经超过100万亿元。巨额的交易量意味着今后几年全球移动电子商务业务将呈现持续走强趋势。面对迅猛发展的移动电子商务产业，移动互联网企业能否立足关键取决于商业模式的创新。成功的商业模式不一定是技术上的创新，可能是对企业经营某一环节的改造，或是对原有经营模式的变革和创新、业务流程的重组与再造，甚至是对整个企业经营模式的彻底颠覆。纵观成功的移动电子商务企业的经营实践，移动电子商务产业成功的商业模式应具有难以模仿、提供价值、注重务实和简洁明了四大特征。

难以模仿。移动互联网企业要始终在激烈的市场竞争中站稳脚跟，就必须建立独特的商业模式。独特的商业模式主要体现在竞争对手难以模仿。任何商业模式无论其建立得如何完美，若竞争对手都能轻易模仿，将难以保证企业在市场竞争中赢得主动，最终必将导致恶性竞争。要建立成功的商业模式，不能照搬照抄现有成功企业的商业模式，而要始终坚持创新的理念，只有这样才能真正构建具有独有特征的商业模式。商业模式创新要做到难以模仿，要从客户需求出发，能为客户提供独特的价值；也可以从增强企业核心竞争力出发，整合外部资源，提高平台竞争力。因此，商业模式创新应与企业核心竞争力有机结合起来，从而创建竞争对手难以模仿的商业模式；独特的商业模式也可以从品牌、渠道等方面着手，以品牌经营和构建差异化的渠道模式在市场中取胜。

提供价值。有时这个独特价值可能是新的思想，新的模式，更多的时候，它可能为客户提供良好的体验、更方便的服务，使客户能用更低的价格获得同样的服务，物超所值，超越客户的期望，让客户心情愉悦，成为企业的忠实客户。例如，芬兰Rovio公司开发的小游戏“愤怒的小鸟”取得了巨大的成功，关键在于“愤怒的小鸟”非常好玩，切合用户需求，操作简单，关卡设置合理，产品不断升级，为客户带来愉悦的享受，从而受到市场的热捧。

注重务实。成功的商业模式不是凭经验就能得来的，也不是简单地照搬照抄就能解决的。务实性就是脚踏实地、实事求是，不能玩概念，搞炒作，这些客观要求需要移动互联网企业对客户消费行为、客户关注的利益和价值、市场竞争状况等有着准确的把握，而且商业模式创新要与企业资源能力相匹配，这样提炼出的商业模式不仅具有创新性，而且具有务实性和可行性。商业模式创新不能为创新而创新，否则，就难以设计出差异化的移动电子商务商业模式。

简洁明了。简约思维是移动互联网思维之一。综观国内外成功的互联网企业，可以发现其商业模式概括起来十分简单，甚至能用一句话概括。奇虎360的商业模式就是对安全产品实行永久免费以及通过打造开放平台实行增值业务收费模式；微软的成功在于推行行业标准；阿里巴巴的商业模式就是成功打造电子商务生态系统，让天下没有难做的生意；如家酒店的成功在于低价格加上良好的服务；西南航空的成功在于拥有低成本的市场空间和占有对价格敏感的细分市场等。虽然成功企业的商业模式十分简洁，但它是企业在实际运营中各种行动的总结。因此，移动电子商务企业在设计商业模式时需要寻找突破口，善于总结、提炼和概括。总之，移动电子商务企业商业模式的竞争是企业更高层次的竞争，商业模式创新从总体上来看，不能墨守成规，不能采取跟随战略，要寻找独特的发展模式，要从潜在客户的需求入手，要有超前的眼光和敏锐的判断力，看到别人看不到的东西，提出别人没有提出的问题，从而探寻到适合企业发展且有别于竞争对手的独特的商业模式。

（三）移动电子商务商业模式成功的判断标准

现在移动电子商务产业可以说是充满机遇，移动互联网产业链各方纷纷涌入这一“新蓝海”，移动互联网创业公司如雨后春笋般不断涌现，有成功的，也有失败的。对于移动电子商务企业来说，商业模式将成为这些企业成败的关键。成功的商业模式没有一个定式，各个企业又具有不同的特点，关键是企业要根据自身的优劣势、市场环境的变化、客户需求的特点及企业发展的战略，科学制定规划，综观国内外成功的互联网公司商业模式特点，检验和判断商业模式是否取得成功关键要看以下几个标准。

能否形成庞大的用户规模及用户黏性。分析价值链与商业模式，移动电子商务商业模式能否取得成功最关键的就是要看用户规模。这就是为什么当今进入移动互联网的企业普遍认为，移动互联网要取得成功，首先要做大用户规模和流量，有了规模和流量，就有赚钱的机会。能否做大用户规模就成为判断商业模式创新能否取得成功的关键。从国内外成功的互联网公司来看，企业市值或公司价值与用户规模基本对应。下面看一些成功公司的用户规模情况。腾讯发布的资料显示：早在 2014 年腾讯 QQ 月活跃账户数就达到 8.2 亿，QQ 智能终端月活跃账户达到 5.42 亿，QQ 最高同时在线账户数达到 2.17 亿；而 2017 年微信用户数据报告显示：截至 2016 年 12 月，微信全球共计 8.89 亿月活用户，新兴的公众号平台达 1 000 万个。而另外一家互联网企业奇虎 360，2011 年在美国纽交所成功上市。2014 年年底，奇虎 360 实现收入 3.29 亿美元，也创造了中国互联网企业继腾讯 QQ 之后第二个客户端神话。2015 年，奇虎 360 基于电脑的产品和服务的月度活跃用户总数为 5.03 亿人。阿里巴巴 2017 年“双十一”，天猫交易额达到 1 682 亿元，其中移动交易额份额超过 90%……这些成功的企业进一步证明，互联网公司的用户规模是决定企业成败的首要因素，也是检验商业模式创新能否取得成功的“试金石”。当然，评价商业模式是否成功，不仅要看用户规模，还要看用户黏性。如果用户规模很大了，留不住用户，企业也必将被市场抛弃。开心网曾经被称为中国的“Facebook”，最高时用户达到 8 000 万户，偷菜、抢车位等网页游戏在全中国的网民中迅速流传，如今，开心网用户量已经萎缩，其页面访问量不断下跌，失去往日的辉煌。主要原因是在用户已经厌倦网页游戏后，开心网没有推出更新的产品来优化用户体验，还有一点就是开心网不够开放，在发展最好的时候过于强调用户体验而拒绝第三方的接入。

能否为用户提供良好的客户体验。移动电子商务商业模式的竞争实质上就是客户体验的竞争。能否为客户提供良好的消费体验成为商业模式成功与否的重要标准。客户体验在移动互联网时代被赋予了丰富的内涵。为客户提供的产品是否能满足客户的需求？是否能为客户创造独特的价值？客户使用产品是否方便？能否为客户提供良好的使用体验？能否使客户使用产品时超过客户期望，做到别人达不到的高度？提供的产品和服务是否丰富？是否为客户提供服务支持？物流配送是否及时？服务态度是否亲和？等等。苹果的成功在于对客户体验的完美追求，从而造就了苹果神话：暴雪创办 20 多年，只推出了几款产品，款款经典，创造了良好的用户体验；京东商城也是一家追求客户体验的公司，为客户提供丰富的商品、购买的便利性和低廉的价格，以及及时的商品配送网络，使京东商城受到消费者的欢迎，从而成为中国最大的自营 B2C 电子商务企业。追求极致的客户体验是移动互联网企业商业模式创新应该始终追求的目标。良好的客户体验使客户成为产品最好的宣传员，产品的口碑效应就会呈指数增长，企业离真正的成功也就不远了。

能否打造良性发展的产业生态系统。移动互联网竞争就是商业模式的竞争，商业模式的竞争更是生态系统的竞争。生态系统建设是移动电子商务商业模式的重要内容，能否打造良好的产业生态系统决定了商业模式的成败，也决定了企业能否在市场竞争中胜出。在移动互联网时代，产品形态、业务形态、服务形态都发生了很大的变化，因此，不可能再有一家企业通吃产业链上下游的情况。打造良好的产业生态系统就是产业链各方相互合作，都能在产业链中找到自己的定位，无商业模式创新的有效结合，技术创新就可能以失败告终。自 2013 年中国工业和信息化部向中国三大主要通信运营商发放 4G 牌照以来，移动互联网开始彻底融入人们的生活、工作、娱乐、消费等细节，并且已经出现了大量颠覆传统互联网的产业格局和商业模式。5G 的应用将会使更多的创新商业模式涌现。

综上分析可以看到，商业模式创新和技术创新相互作用、相互影响，并交互决定、动态演进，共同影响企业的发展。主要表现在以下几点：

商业模式受技术创新和变革的影响，技术创新引发商业模式的变革，企业可以通过引进激进型技术来主导自身的商业模式创新，如当年众多企业利用互联网进行商业模式创新。当今，最具潜力的技术是大数据、云计算、物联网和人工智能，这些技术能提供诸多崭新的用户价值，从而为企业提供进行商业模式创新的契机。

商业模式创新有利于技术在企业价值创造中发挥更好的作用，从而引导技术向适合其商业模式的方向创新。由于技术不成熟、研发成本高、缺乏配套设施等原因，新兴产业发展往往面临着技术和产品的市场推广应用难题，而通过商业模式创新可以有效降低成本，加快推广应用进程。

技术创新为商业模式创新构建门槛。任何商业模式创新要想建立长期的有效优势，需要掌控某种稀缺的资源能力，或者商业模式可以持续地升级。这些有效优势可以通过技术创新来构建。实践证明，不管是多么“高新”的技术，只有在市场中实现经济价值，才是真正意义上成功的“创新”。

移动互联网是技术密集型行业，技术创新往往更为重要。技术创新能提高进入的门槛、提高客户体验，但要实现真正的成功，光有技术是不行的，企业应更重视将技术创新和商业模式创新有效结合起来，实现技术创新和商业模式创新的协同推进，实现持续创新。唯有如此，移动互联网企业才能最终走向成功。忽视技术创新、忽视商业模式创新或简单模仿抄袭国内外的成功模式（如中国“山寨”问题等），都将使企业在市场竞争中难以走得长远。如果不与商业模式创新有效结合，技术创新就可能以失败告终。

当前的移动电子商务商业模式，其内涵和外延已经大大拓宽。移动电子商务商业模式的侧重点，已经从传统互联网的强调构建内容升级为构建包含内容和终端的服务生态，盈利模式也从相对单一的“前向收费”“后向收费”向“衍生收费”演进。在移动互联网时代，各种新商业模式和应用层出不穷。在这个舞台上，有大企业，有小公司，还有个人开发者，如何找到可盈利、可持续发展的商业模式，找到自己的位置与营收方式，是现在大家所面对的共同问题。任何企业只有找到适合本企业的商业模式才能最终走向成功。

三、移动互联网环境下的农产品营销

行业内流传着一句“把产品买进村”是一种责任，“把产品卖出去”是一种担当，往往后者占据的比例比前者更大。卖得好坏，跟产品各方面因素有着直接关联。以农副产品为例，首先，就产地优势而言，各地利用产品、区位、种植所在区域等相关产地优势，占得鳌头；同时，剔除中间环节，依托互联网，直接打破地域、信息、运输、储藏等相关环节，减少流通环节，降低人力、物力及物流成本，实现从产地到消费者的零距离对接。

近年来，国家出台的许多政策给农产品电商指明方向。2023 年 2 月 27 日，中共中央　国务院发布的《数字中国建设整体布局规划》等，是我国农产品电商发展的指导政策。

（一）移动营销的优势

移动营销是移动电子商务时代企业利用移动互联网的营销活动。在最近几年里，移动互联网成为当今世界发展最快、市场潜力最大、前景最诱人的业务之一，它们的增长速度是任何以往预测家未曾预料到的，可以预见移动互联网正在创造经济神话，其主要呈现形式将是移动电子商务，而移动电子商务的成功取决于移动营销。

不管是什么样的企业，或大或小，也无论是在哪个时代，不管是纸媒时代，还是互联网时代，都离不开营销。智能移动端的不断普及以及无线网络的不断成熟，使我们进入了移动互联网时代，移动营销自然也就开始进入企业的视线中，成为企业营销的新宠。

移动营销（Mobile - Marketing）是指面向移动终端（手机或平板电脑）用户，在移动终端上直接向目标受众定向和精确地传递个性化即时信息，通过与消费者的信息互动达到市场营销目标的行为。移动营销涉及移动互联网和无线通信技术，又与市场营销有关，是以市场营销为基础，基于移动互联网网络平台实现的，其接入终端包括手机、平板电脑、掌上电脑、笔记本电脑或其他专用接入设备等。目前的主要应用有移动 App 营销、二维码营销、H5 营销、微博营销、微信营销和移动广告等。

与网络营销和传统营销相比，移动营销具有如下特点和优势：

个性化精准营销。由于一部手机对应着一个手机用户，因此，营销人员可以根据用户的兴趣、爱好、年龄层次、上网习惯和浏览记录等信息，向用户推荐相关商品，实现有针对性的个性化精准营销，提高营销的效率和准确性。

实时交互。手机在交互性方面有着传统媒体无法比拟的优势，对企业营销应用来说，这是一个非常强大的有利功能。手机的互动性相比传统媒体在效率、速度和灵活性上都更胜一筹，使双方能产生很好的互动，起到立竿见影的双向功效。通过这种良好的沟通和互动，企业可以向用户提供更具个性化的产品和服务，有助于改善企业的用户关系管理，提高用户的忠诚度。

灵活方便。移动终端的个性化及定位特性，使得在移动电子商务营销环境中，人们不再受时间和地域的限制，可以随时随地通过无线设备进行移动支付和在线交易，并进行信息反馈。这种灵活性可以使企业随时随地掌握市场动态，了解消费者的需求，并为他们提供最优质的服务。

经济环保性。移动营销通过数字信息向用户进行商品和服务的宣传和推销，所花费的营销成本相对较低，与传统的营销手段相比，省去了印刷媒体所需要的实物成本、影视明星的代言费以及在电子媒体（如电视和广播）上所支付的巨额广告费，并且不产生任何营销活动带来的废物和垃圾。

信息整合性。移动营销充分发挥了多媒体技术的应用优势，使得企业可以将产品的价格、外观、评测和用户使用效果等信息，通过文字、图片、视频等方式详细地展示出来，用户通过移动终端就可以直接浏览这些内容，了解商品各个方面的信息。

可监测性。在移动营销过程中，通过相关监测软件，企业还可准确地监控信息的回复率和回复时间，从而为企业提供了监测营销活动的便捷手段。这种监测能力，对于民意调查、信息反馈、用户服务及市场分析等具有极为重要的意义。

农产品在移动电商供应链方面的问题主要是货源和运输环节，很多人还不能完全理解互联网信息技术，在货源方面，很多农产品移动电商并不能找到更好的农产品货源。由于农村第三方物流发展的状况并不乐观，很多乡镇缺乏相关基础设施建设，第三方物流企业少，这也成为移动电商农产品销售最大的问题之一。移动电商在农产品平台运营方面的运营管理还不够成熟，平台很多模块不够完善，很多农产品移动电商平台根本没有结合农民农产品以及农业的实际情况进行优化创新。但是对于农民来讲，受到地点和专业性的限制比较大，所以在这个方面还是有待完善的。人们的生活水准和消费观念不断地提升，很多的城市人都需要绿色食品，因此农产品移动电子商务的发展前景非常可观，但是在销售模式上必须有所创新①。农村电商不是仅停留在交易端，未来会越来越多地向供给侧纵深延展。

（二）特色生鲜农产品移动电子商务应用

电子商务在与生鲜农产品对接方面，出现了一系列的问题，比如地区农产品品牌建设滞后、区域内农村市场对农产品的生产、加工环节缺乏标准化控制等。移动电子商务相关法律法规制定滞后。移动电商的发展响应了“万众创新”的政府号召与时代要求，但是新兴产业快速发展的同时也需要有相应的法律法规对该产业进行制约和保障，例如行业标准、政府的监管、消费者与商家的权益保护等，很显然，目前这个领域还是滞后的，这会给移动电子商务的健康发展带来威胁。

中国产业调研网发布的中国冷链物流市场现状调研与发展前景趋势分析报告认为，进入 21 世纪以来，中国冷链物流行业飞速发展，基本建成全国鲜活农产品流通“五纵二横绿色通道”网络，构建了全国范围的低成本鲜活农产品运输链。

特色生鲜农产品要尽快注册商标，或是申请国家地理标志产品，扩大品牌知名度。运用多样化宣传方式进行品牌营销，例如借助微博、微信朋友圈和公众号、电子商务平台等进行产品宣传。随着移动互联网的发展，农村电商的用户红利正在逐渐消失。未来，运营能力的提升将成为农村电商发展的关键。这意味着农村电商企业需要不断提高自身的运营水平，以吸引和留住更多的消费者。同时，商家要打造特色农产品质量标准化和质量检测和监督系统，切实保障特色农产品品质，让消费者购物无后顾之忧。政府部门在制定各种标准时，应该充分发挥领导牵头作用，推动特色生鲜农产品移动电商的标准化进程。

---

① 资料来源：https：//mp. weixin. qq. com/s/8OtTEQPfYOYozsula7XjAA.

利用大数据技术，可以分析消费者的购买行为和需求，为农村电商提供精准的数据支持。例如，可以利用大数据分析消费者的购买偏好、消费习惯等信息，为农村电商企业提供更加精准的市场营销策略和产品开发方向。人工智能技术可以为农村电商提供智能化服务。例如，利用人工智能技术进行智能客服、智能推荐等。同时还可以利用人工智能技术进行农产品质量检测和溯源等应用。通过人工智能技术的应用，可以提高农村电商的效率和准确性，提高消费者的购物体验。

借助社群资源抓住无线客户，扩大特色生鲜农产品移动销售范围。社交电商是指将社交媒体和电商平台相结合的一种新型电商模式。在社交媒体上，用户可以通过分享、点赞、评论等方式进行互动，同时也可以在社交媒体上购买商品或服务。社交电商的兴起，使得农村电商企业可以更好地利用社交媒体平台，扩大销售渠道，提高品牌知名度。通过社交媒体和内容平台，将商品推广给目标用户，实现从“人找货”到“货找人”的转变。随着社交媒体和内容平台的不断发展，内容电商已经成为越来越受欢迎的营销方式。农村电商企业可以通过在社交媒体上发布有关农村生活、农产品等相关内容，吸引目标用户，提高销售额。

加强物流建设，提高特色生鲜农产品物流效率，减少流通损耗。特色生鲜农产品的配送，有时效性强、质检要求高、运输损耗大等问题，需要专业有效的物流配送。为了提高农村电商的物流效率，未来将加强物流体系的建设。例如，建立县级物流中心，整合镇级快递网点等。同时还可以探索利用第三方物流公司进行合作，提高物流配送效率，降低物流成本。实力较强的企业可以自建自己的物流配送中心或与较强的物流企业强强联手，提高产品送货到家的配送能力。积极推动物流企业逐步更新物流设施和装备，构建优良的信息系统，提高物流效率。

农产品上行是指将农产品通过电商渠道销往城市。随着城市消费者对健康、绿色、有机等食品的需求不断增加，农产品上行市场前景广阔。农村电商企业可以积极开拓农产品上行市场，通过电商平台将农产品销往全国各地，提高农民收入，促进农业转型升级。未来，农村电商的渠道将更加多元化，包括线上渠道和线下渠道。线上渠道可以通过淘宝、京东、拼多多等平台销售，线下渠道可以通过实体店、集市等销售。农村电商企业可以结合自身的产品特点和发展战略，选择适合的渠道进行销售，实现多渠道发展。

总之，随着农村电商的不断发展和创新，未来还将出现更多的趋势和机遇。农村电商企业需要保持敏锐的市场洞察能力，紧跟时代步伐，不断创新和进取，才能在市场竞争中立于不败之地。随着消费者需求日益多样化、个性化，农村电商企业需要满足消费者个性化的需求。例如，针对不同消费者的不同口味、不同需求，提供定制化的农产品和服务，提高消费者的满意度。新零售是指将线上、线下、物流等环节相结合的一种新型零售模式。在农村地区，新零售的融合可以使得农村电商企业更好地与实体店、集市等传统销售渠道结合，实现线上线下相互融合、相互补充，提高销售额。农产品电商将更加注重线上线下融合发展。通过线下实体店、体验馆等渠道，可以增强消费者对农产品的了解和信任，提高购买意愿。同时，线下实体店还可以提供更加便捷的购物体验和售后服务，提高消费者满意度和忠诚度。

我国特色生鲜农产品的移动电子商务仍处在初始发展阶段，生鲜农产品的电子商务模式将会不断成熟、完善，消费者也会慢慢接受使用电商来进行生鲜农产品的交易。移动电子商务可以增强现有特色生鲜电商的竞争力，可以用其亲和的用户体验吸引远距离的客户，使区域化强的特色生鲜农产品电子商务走出当地走向全国。

四、农业电商互联实例分析

（一）“新特点”赋予“新定位”

2022年中央1号文件进一步明确实施“数商兴农”工程，这是发展农村电商的新举措，也是农村电商发展的新方向，对农村电商以及县域经济发挥积极作用。“数商兴农”背景下，打通“农产品上行”通道成为实施乡村振兴战略的重要抓手。随着直播电商等新型电商模式的兴起，以“互联网＋”农产品出村进城工程为总抓手，更新农村电子商务的模式和业态、加强农村电商主体培育等举措，有助于提升电子商务赋能农产品上行的效率，为农产品上行提供新途径。

农村电商在稳经济、保民生、助销农产品等方面优势作用发挥明显。吴忠市是传统农业大市，如何用好、用活电子商务这一新业态，助力农村就业创业、带动农民增收致富、助推特色产业发展、促进乡村全面振兴，成为一项重要课题。宁夏回族自治区第十三次党代会把电子商务作为“六优”重点产业之一提出来，赋予了电商产业新的定位。

近年来，吴忠市立足本地产业优势，深入提升县域电商平台、电商创业园、乡村电商服务站的运营能力，农村电商蓬勃发展。

一是市场潜力不断释放，电商掀起工业品下乡“新浪潮”。2021年末吴忠市乡村常住人口60.3万人，占到总人口的43.3%。第一、第二、第三产业结构比为13.6∶49.2∶37.2，第三产业带动作用逐渐凸显。农村居民人均可支配收入16 138.7元，连续5年增幅高于城镇居民收入，农村消费市场的潜力正不断显现。尤其近年来，突如其来的新冠疫情和网络经济的迅速发展，使得农民的生产生活观念和方式迅速改变，农民线上购物的频率加快。手机缴费、网上购物等新潮现象已经飞入寻常百姓家，电商逐步渗入农民的生产生活中。随着乡村建设行动步伐加快，农村千兆光网、第五代移动通信（5G）等农村互联网基础设施建设不断改善，为扩大农村线上消费市场提供了硬件支持。

二是政策扶持不断加码，电商成为促进农民就业增收新引擎。近年来，吴忠市以创建国家电子商务示范城市为抓手，以促进特色农产品销售为主导，通过“政策扶持、市场驱动”持续完善农村电子商务公共服务体系。同心县、盐池县、红寺堡区、青铜峡市先后争取国家电子商务进农村示范县（市）专项资金共8 350万元。出台《吴忠市应对新冠疫情促进服务业发展政策措施》《关于促进消费持续恢复稳定增长的实施方案》等加大对电商的扶持力度。目前，吴忠市现已建成县级电子商务公共服务中心（孵化中心）7个，镇村级电商服务站397个，自治区级电商直播示范基地2个（盐池县狮城宁好电商网批运营基地和大美同心直播实训基地）。累计培训电商人才5万余人，全市注册并正常营业的电商企业83家，拥有网上活跃商铺10 678家，带动就业3.5万余人，实现网络交易额127.35亿元。

三是品牌特色不断凸显，电商打开特优农产品走出去“新窗口”。吴忠市是全国商品粮基地、奶牛养殖基地、酿酒葡萄产业基地和中国滩羊之乡、甘草之乡。拥有“青铜峡大米”“同心有机枸杞”“盐池黄花菜”等一批地理标志产品和“塞上硒都”区域公共服务商标。创建国家绿色农产品标准化基地13个、自治区级35个，“吴忠牛乳”标准化示范基地7个，粤港澳大湾区“菜篮子”基地9个，绿色食品星级企业35家。2021年吴忠市农业产业增加值103.8亿元，增速6.2%，位居全区第一。近年来农村电子商务高度依托地域特色产业的口碑与知名度效应，打开了特色优质产品“走出去”窗口。2022年宁夏农特产品特色集市整合区内特色农产品生产加工企业30余家500余种品牌产品，建设标准化直播间8间，直播带货200多场，累计观看人数上千万人次，举办吴忠市名优特色农产品促销会活动2场，实现销售收入600多万元。

四是线上线下“同屏共振”，电商开启多元平台“云上助农”新通道。新冠疫情以来，线上线下联动、直播带货成为助农新手段。吴忠市国家农业科技园区昊润昇生态农业科技公司线上九大平台推介，线下在银川奥特莱斯设立宁夏优质农产品营销中心；利通区涝河桥肉食品公司、红山河食品公司等企业在淘宝、京东等国内知名电商平台建立旗舰店；青铜峡市“塞外香”“叶盛贡米”等优质农产品通过电商平台，会员认筹、私人订制近 3 000 份。盐池县打造“宁夏盐池放羊娃”“邮掌柜”等系列网店 117 家。商超、电商企业、电商平台等在疫情防控期间将滞销农产品与本地城市消费实现精准对接，利用微信小程序、微信群、快手等新媒体，拓宽农产品销售渠道。吴忠市多次组织举办“双品网购节”、全民电商节、抖音挑战赛等活动，2022 年仅“双品购物节”期间，线上下单 14.3 万多单，实现销售额 4 000 多万元。

五是农村物流发展加速，电商发展迈进新阶段。吴忠市积极落实自治区《加快全区农村寄递物流体系建设实施方案》，出台《吴忠市加快农村寄递物流体系建设实施方案》，将农村寄递物流体系建设纳入公共基础设施建设范畴。截至 2022 年 8 月，397 个镇村级电商服务站基本实现了县、乡、村三级物流配送。利通区建成村（社区）快递及商贸便民服务网点 150 多家；红寺堡区建成电商物流分拣中心，入驻快递企业 5 家，通过客货邮商实现“快递进村”；青铜峡市打造“客货邮商驿站”，建成县市级电商物流园 1 个，镇村级物流配送站 52 个；盐池县建成占地面积 146 亩的县域物流配送中心；同心县建成运营面积 4 157 平方米县级仓储物流配送中心，打造提升了 12 个乡镇物流中转中心，95 个电商服务站点。物流的快速发展，带动农村电商发展迈入新阶段。

（二）规模小、链条短、成本高、人才缺的问题

吴忠市在推进农村电商发展方面做了大量的工作，取得了显著的成效，但和东南沿海发达省区相比，仍处于简单、粗放发展阶段，电商产业整体规模小、产业链条短、物流成本高、人才短缺等问题较为突出。

一是统筹规划不足，主体发育不全。缺乏农村电商发展整体统筹，相关部门之间缺乏相互联动，数据、资源、信息缺乏共享，很多农村电商存在数据统计不清、运营效果不详的情况。扶持政策及资金多用于硬件建设，对参与农产品线下收购、线上服务或销售成效显著的电商网点、平台奖励性政策不足。各县（市、区）虽然都已建立了电子商务公共服务中心，但服务农村电商功能发

挥不够，难以引导各类资源有序竞争。多数农村电商属于自建平台，对电子商务认知度低、流量少、投入低、市场竞争力弱。

二是规模化程度不高，产业链条不长。多数农村电商定位在低价销售初级产品的“搬运工”角色上，农副产品精深加工不足，产品附加值偏低，“有货没市场”和“有市场没货”成为困扰很多农村电商经营者的难题。牛羊肉、水果、蔬菜等生鲜农产品需求量暴增，但由于供应产品单一、包装及宣传策划不到位、冷藏车和冷库数量不足、销售渠道单一等诸多链条短板，线上销售受到很大影响。另外，库存不稳定、供货方式粗放、货品标准不统一、农产品溯源难等问题，都限制了吴忠市农村电商的快速发展。

三是配套设施不完善，智能化应用不足。电商与互联网关系密切。吴忠市数字农业与数字乡村建设起步晚、体量小。智慧农村基础设施建设也较为薄弱，农村网络带宽不够、信号不稳、市场信息不对称，大数据的上行和下行不通畅等问题较普遍。目前各县（市、区）均没有成熟的基层数据获取途径，缺乏数字乡村综合服务大数据平台。市场信息不足，农产品交易效率较低。多数农村电商仍是传统人工作业模式，尚无智能化物流分拣处理中心、智能化投递设施。

四是货物流通规模不足，物流成本难降。受疫情影响，物流成本出现阶段性上升。宁夏80%物流运输以公路为主，发货方式“小而散”，有些货物只能从县城集中到银川分拨中心再发往全国各地。有些个体电商与物流企业签订优惠服务合同，但由于走量少，到期后续签难。在物流配送过程中，因地址分散、配送量较少，配送错误、退换货手续繁杂等原因，影响农村消费者线上消费意愿。

五是专业人才不多，营销质量不高。信息技术、运营服务、营销推广等电商人才十分匮乏。很多电商企业人才培养机制和交流平台不完善，“摸索式”成长速度较慢。部分回乡创业人员熟练电商平台、App的操作，但是缺乏系统性学习，电商的运作和管理能力比较欠缺。电商主播层次参差不齐，不少主播存在夸大宣传、虚假宣传等误导性行为，对农村电商直播发展也造成了负面影响。

六是农产品“低价营销”“低价上行”现象不断凸显。互联网已经成为农产品产销对接的重要渠道。但随着电商平台和商家之间的竞争愈演愈烈，不可否认，低价引流、低价营销有助于在短期内解决局部农产品的产销对接问题，许多同质化、集中上市的产品，借助价格优势在网络平台打开了销路，也让许多价格敏感的消费需求在网络渠道得到了满足。价格竞争是市场竞争的一个主要手段，优质优价则是市场经济的基本要求。价格竞争本身作为一种营销方式无可厚非，但需特别警惕大范围长时间“低价营销”“低价上行”对农产品网络营商环境、农业产业发展可能导致的负面影响。农产品溢价空间本就较小，低价引流营销模式下，非头部商家因低成交量难以盈利，头部商家为提升店铺流量，用于“营销费用”等的中间成本甚至比传统模式中间商成本要高，“赔本赚吆喝”，虽然有较高的供应链效率为支撑，但往往以挤压生产者和流通环节的利润为代价，不利于农民持续增收。

（三）农业、电商互联“统”起来

当前农村电商发展处于历史上最好的战略机遇期。吴忠市要抢机遇，补短板、强弱项、促提升，使农村电商成为促进农民致富增收的重要抓手。

一是上下联动，把电商发展“统”起来。要注重规划引领，科学统筹。要发挥好政策导向作用，各级党委政府要认真研究本地区营商环境与电商产业的适配度，注重统一规划引领，建立商务、发展改革委、财政、农业农村局、乡村振兴局等各部门统筹联动机制，鼓励“非接触性业态”“非聚集性业态”，如线上平台、智慧物流、智能化仓储、物联网等新业态的发展。要统筹发展资金，靶向发力。完善“农商互联”“电商助农”等政策体系。调整政府补贴思路，在物流、包装、电商品牌培育等方面给予适当补贴。加强对政府补贴资金的使用监督与管理；吸引更多民间资本参与电商发展；落实电商法，规范农村电商经营行为。要完善治理体系，涵养生态。加强平台规则管理，发挥政府监管力和市场引导力，构建农村电商长效、健康发展的“生态圈”。全面落实农产品质量安全主体责任，建立线上商家诚信“黑名单”制度。建立包括可视化实时监管系统、农产品质量溯源系统和快速检测检验中心等在内的网货质量监管体系。

二是多方“联姻”，让产业链条“长”起来。要注重农业、电商互联。积极鼓励培育新型农业经营主体探索实践“公司＋专业合作社＋电商＋农户”模式，共同打造“小而强”“小而美”的电商样本。探索多种非接触性交易服务、非接触性支付服务、非接触性物流配送及供应链服务，实现农产品电商非接触性优势与实体农产品经营组织相互融合的农商互联。要注重农业、电商互延。以县域为重点，因地制宜确定主打农产品，积极创立公用品牌的发展体系，完善以生产、加工、物流、销售、旅游等三产融合的产业链。盐池滩羊肉、青铜峡莲湖西红柿满足不同层次的消费需求的电商案例值得推广。还要注重农村电商产业链条的延伸。电商经营者要找准核心卖点，注重商品的宣传、包装、物流产业链延伸。推进农村电商产业链建设及供应链上下游的协调对接。

三是“有的放矢”，让发展基础“硬”起来。分步分区实施“新基建”提升工程。以推进数字乡村示范点建设为抓手，在有条件的县城周边、中心乡镇等区域建设光纤网络，提升宽带运行速度，鼓励电信运营企业对农村网络流量资费给予适当优惠，健全城乡通信基础设施一体化建设、管护机制。加强完善相应的支付体系、征信体系和网络监管体系。探索将“无接触配送”的智能快递柜等纳入城乡公共基础设施建设范畴。打造优势产业大数据平台。建立农产品信息传递系统，拓展市场信息交流渠道，通过各媒体网络等方式为本地村民提供准确及时的市场信息。如，疫情下可建立“滞销情报站”，多方搜集有效滞销农产品信息，帮助农民解决滞销问题。大力支持电商直播间建设。积极培养培育“村红”和“农民带货主播”，可以把直播间设在“田间地头”，让更多农民成为市场信息的供给者、传播者，引导更大范围的创业创新。引导在线旅游、在线教育等新业态在农村落地，充分释放农村地区的发展潜力。

四是“多管齐下”，让物流成本“降”下来。促进基础设施和公共服务共享。引导商务、农业、供销、邮政等相关部门及电商、快递企业对农村物流服务网络和设施的共建共享；创新农村公交货运、滴滴货运等货源共享模式；采取政策优惠与奖金扶持等多种手段，鼓励农村地区物流业有效应用无人机技术、智能收货箱、分拣机器人、无人配送等，促进智慧物流的实际应用。促进物流信息共享。积极创建信息化物流平台，逐步实现物流网点和农村电商之间的高效对接，提高农村物流配送效率。按照农产品种类、特点，采用条码、RFID、物联网等信息技术，对农产品源头进行追溯，让消费者更全面地掌握农产品物流动态。促进冷链物流共享。建立大型冷链仓储可以采取政府建设、企业租赁模式或镇村共建、共用模式，非常时期还可用作政府储备仓库；探索共享员工、共享终端设施、无接触配送、生鲜农产品进社区等直配、宅配等新模式。

五是“百花齐放”，让电商人才“强”起来。完善人才引进机制。将电商人才纳入现有“紧缺人才库”，完善优惠的就业创业政策和人才引进政策，鼓励电子商务专业大学毕业生、具有实践经验的电商从业者返乡创业，建立农村电商人才信息库进行跟踪帮扶。完善技能培训体系。积极构建“政府引导、行业协会支持、职业院校与电商企业为主体”的电商人才培养体系。切实抓好农村“双创”带头人、“高素质农民”等乡村人才培育，有侧重地进行产品宣传策划、销售经营等专业培训。结合实际制定本土电商人才、直播人才培养计划。完善人才评价机制。将电商人才纳入吴忠市高素质农民职称评审系列。成立电商人才培养与评价联盟，吸纳行业协会、技工院校、企业共同参与，建立起一套标准、完善的评价机制。

第三章
农村电商物流及移动物流

农村电商最为关键的环节便是物流系统，但实际发展过程中，农村公路建设水平依然较低，无法满足物流需求。即便修建了公路，部分落后农村也并未建设快递点，物流覆盖率与配送率较低，没有打通乡村物流“最后一公里”。同时，由于通信网络费用较高，以致部分农民并未安装网络，无法实现无线上网，不能获得电商信息。另外，农村电商的融资难度较大，大多金融机构不愿在农村投资，贷款门槛较高。且农村企业与个人缺乏抵押的固定资产，加之银行风控体系审查严格，以致无法获得创业资金，阻碍了农村电商的顺利发展。

一、移动物流的应用及技术支撑

进入移动互联网为代表的“互联网＋”时代，一批创新型的物流企业诞生和成长起来，一批传统的物流企业也积极与“互联网＋”融合，颠覆自身的商业模式与运营思路。移动电子商务引领物流发展，中国的物流行业将全面实现转型升级、得到质的飞跃。共享物流、物流 App、物流 O2O、智慧物流、无人仓、无人配送的新的物流模式、方法、手段正在走进我们的生活。移动互联网和移动电子商务快速发展，推动了电子商务物流的演进。

“互联网＋物流”既能发展新经济，又能提升传统经济，能大大降低企业成本、提高经济整体运行效率。在我国经济转型及传统物流产业的变革中，“互联网＋物流”将发挥十分关键的作用。

相比新兴的互联网行业的高速发展，物流行业虽然起步较早，但其发展速度相对滞后一些。从诞生起，物流的发展就需要经济商品的生产形成足够规模，这就要求商品大规模生产，从而降低成本消耗。但是，物流行业组织松散、秩序混乱、服务质量差的现状也成为物流行业发展革新的巨大阻力。货运车辆与运货业主之间没有良好的信息交流，货车的返程空载现象频繁发生，也是物流行业现存的主要弊病。随着移动互联网的高速发展，其作用范围不断延伸。线上线下一体化模式的问世，给物流行业的彻底革新带来了新的希望。互联网依靠其本身巨大的优势，能够有效促进信息交流，提高企业参与市场竞争的积极性，丰富产品的多样化，给消费者更多的选择与参考。物流企业在发展过程中更加注重用户体验，其竞争焦点也从货源方面转到服务方面。

移动电子商务物流管理变革的动因主要有以下几个方面：移动互联网的应用有助于物流管理的改革升级，移动互联网正逐步渗透餐饮、房地产、汽车等诸多行业。就物流行业而言，移动互联网将有效促进其改善服务质量，加速物流运转。发挥互联网的作用，不仅能够提高整个行业的运营效率，还能提升用户体验。快速发展的电子商务带动了物流管理的进步，近年来持续发展的电子商务对物流行业提出了较高的要求，若物流滞后，无疑会阻碍电商领域的发展。一方面，在电商行业发展的带动作用下，物流行业的运转效率逐渐提高，能够与现阶段用户分散的、个性化的、服务质量要求较高的需求相对接。另一方面，以前的货物运输多以小批量运营为主，与传统模式相比，同一时间段内的货运次数大大增加。在这种形势下快递行业若仍然停留在传统发展模式，就无法满足现代社会的物流需求，因此，互联网物流企业必须注重相关的改革。跨境电子商务的崛起倒逼物流产业变革，在海淘逐渐普及的今天，互联网物流得到快速发展，越来越多的用户通过跨境电商或海淘来满足自己的消费需求。

跨境电商经营者在为国内消费者直供海外原装进口商品时，需要与移动互联网物流企业进行合作，通过提升用户的物流体验，完善整体服务，并凸显自身的竞争优势。移动互联网在物流领域的渗透作用不断加强，在移动互联网不断发展的今天，互联网物流企业的结构模式得到改善。互联网在物流行业的渗透不只是技术层面的应用，更是互联网思维在整个物流领域的渗透。物流行业与互联网的结合，促使整个物流市场趋向多样化，专注于各个垂直领域，进一步提高了物流行业的整体运转效率，同时对相关企业也提出了更高的要求。移动互联网的发展提升了物流发展的空间，传统物流行业与互联网的结合有诸多优势，能使物流企业突破传统运作模式的限制，提高自身的信息化及智能化水平。与移动互联网结合带来的信息化并不只是停留在平台建设、网站开通或推出 App 层面，其价值还体现在能够充分发挥移动互联网的优势，提高信息的开放程度，方便企业进行各个环节的管理，提高运营效率，为交易环节提供信誉保证等，通过互联网思维的应用及先进技术的引进推动传统物流产业的升级。

物流行业与移动互联网的结合并非盲随大流，而是为了增强该行业发展的持续性。物流行业与多个领域之间存在关联，在业态方面的拓展难度要相对低一些。企业可免费提供物流服务，通过其他业态获得利润，实现成本覆盖。如果物流公司能够把握好“互联网+”的机会，强化流程监管、增强用户体验、提高运输效率，肯定会使互联网物流的市场空间得到进一步提升。

移动互联网技术、大数据技术、物联网技术、云计算技术的发展，为物流企业的移动信息化打下了坚实的基础，使现代物流企业从原材料的采购到产成品的销售运输以及最终用户的货物配送服务，都能形成一个完善的物流体系来支撑整个商务流程，做到及时精确的物流服务、快速高效的配送流程、低廉的成本费用和良好的用户服务水平。

这种新形式的物流由于以移动通信技术和网络技术为基础，因此被称为移动物流。移动物流服务包括以下特点和内容：

简单方便。移动物流服务简化了消费者业务办理流程，使物流企业的管理变得简单方便。消费者通过移动终端或个人电脑就可以完成在线下单、查询货物物流信息和收货反馈操作；物流企业通过给员工配置移动终端，可以随时了解货物运输地点、货物配送信息和仓储信息等内容，实现自动订货、自动转账、物流过程追踪、24 小时营业等诸多功能，提升了服务的质量，提高了企业的运行效率，增强了用户的忠诚度，当然也增加了商品或服务的价值。

费用低廉。通过将先进的条码技术、射频识别技术、定位技术、互联网技术及现有的物流服务系统进行有效的结合，可以了解待发货物的运输目的地，对流通中的货物进行跟踪，进行统一的协调配送，降低了专业物流企业运营成本，减少了用户在物流费用上的支出，提高了物流运输的效率，并且通过这些技术能为用户提供量身定做的个性化服务。

增值服务。移动物流提供了许多增值服务，外向服务包括市场调查、商品采购和订单处理，内向服务包括货物配送、物流咨询、物流方案的选择与规划、库存控制决策建议、货款回收与结算、物流系统设计与规划方案的制作等。物流的结算不仅是物流费用的结算，在从事代理和商品配送的情况下，物流服务商还要向收货人提供结算货款等服务。对于市场评测，物流服务商根据物流中心的商品进货和出货的信息，以及以往的数据来分析商品的销售走势，预测未来一段时间内的商品进出库量，进而预测市场对商品的需求，从而为生产企业和销售企业提供重要的咨询服务。

物流技术包括硬件技术和软件技术两个方面。随着电脑网络技术的应用普及，物流技术综合了许多现代技术，包括条码、射频识别、地理信息系统和全球定位系统、大数据技术、云计算技术、物联网技术、人工智能技术、无人机技术等。

二、移动电子商务物流模式

随着信息化时代的到来，行业门户类应用正在从传统互联网向移动互联网延伸，物流业经营平台也开始转向移动互联网。顺丰、圆通等快递物流企业纷纷推出物流 App 软件，标志着物流行业正在加快线下实体产业与移动互联网的融合，一种新的商业模式正在崛起。

这种商业模式可随时随地满足物流行业车辆定位、内部沟通、用户服务等需求，节约了管理成本，提高了工作效率，增加了货物运送中的透明度，使物流公司能及时、准确地掌握车辆和位置等信息，提高了运输质量和运输效率，增强了用户服务能力，从而提升了企业的核心竞争力。移动物流充分运用信息化手段和现代化方式，对物流市场做出快速反应，对物流资源进行全方位整合，实现了物流信息系统的移动化。

（一）共享物流

Uber 及 Airbnb 作为实践共享经济的代表，在近年来获得快速发展，也使共享经济成为业内人士频繁讨论的话题。除了出行领域及房屋租赁行业以外，共享经济的影响范围还在进一步扩大，包括多个领域在内的诸多用户群体都已经被包含在内。如今，我国的物流行业在共享经济的影响下，也进一步开拓了市场空间，很多创业企业也试图利用共享经济模式在物流行业开辟一片天地，这方面具有代表性的有物流外包、物流信息服务平台等。相信在今后的发展过程中，随着共享经济在该领域的广泛应用，会有更多专业的物流平台诞生并迅速崛起。

1. 共享物流的本质与特征

传统物流有很多弊端，包括信息失衡、资源独立、体系孤立、资源浪费等。共享物流的出现就是为这些问题找到切实有效的解决办法。从本质上来讲，共享物流就是共享物流资源。对于整个物流资源来说，货运资源只是其中的一小部分而已。对于现代物流来说，系统是关键。在庞杂的物流系统中，物流资源呈现出网络化、信息化和标准化的特点，其中能够实现共享的资源也越来越多，如物流信息、物流设备、仓储设施、人力资源、终端配送资源等，这些资源为共享物流的形成打下了扎实的基础。在现实生活中，物流资源的共享方式有很多，如租赁、回收再利用、交换、循环使用等。但无论采用哪种方式，都有一个基本条件，就是实现信息互通和协调配置。

2. 共享物流的发展趋势

物理空间、人力资源、配套设施是整合物流行业运转过程中不可或缺的三大资源。具体而言，物理空间包括仓库、停车场、货物堆放地点等；人力资源包括搬运人员、货品分类人员、司机、配送员等；配套设施包括运输货物所需的车辆资源、仓库中用来移动货品的托盘、叉车等。上述所有资源，最后都会以共享模式得以应用。近年来，共享物流受到了社会各界的广泛关注。对于共享物流来说，实现的关键是标准化，即实现商贸物流的标准化发展。这需要引导企业从小处着手开展单元化物流创新，从产品的包装开始，让企业的产品包装与我国产品包装的标准相契合，遵循统一的原则和规范，让产品包装与物流配送设施的相关尺寸一致，实现物流包装的共享，进而为物流配送共享设备打下扎实的基础。

在“互联网＋”时代，线上和线下的有机结合使得共享物流得到了飞速发展。在共享物流模式下，不仅各种资源能够实现共享，资源配置能得以优化，还能大幅提升物流系统的运作效率，减少物流配送过程中的产品损耗，促使物流服务水平得到有效提升。在未来物流模式的创新改革中，共享物流是最值得推荐的模式。

（二）物流 App

作为一个传统行业，物流一直在努力地适应着时代的发展，但是其信息化水平到今天也没有达到一个统一的高度。即便如此，浸染在移动互联网环境下的物流行业还是产生了一批移动终端应用产品。暂且不去讨论此类产品的优缺点，仅从这些产品的问世便可以看出，移动互联网对物流行业来说并不只是意味着冲击，同时也带来了一个机遇，一个能够自我变革、改善行业的机遇。然而，当下的物流移动终端应用仍然处于一种混战的状态。但这种状态不会持续太久，干线也好、同城也罢，都会有崭露头角的巨头杀出重围。

1. 移动互联网与物流的融合

随着移动互联网和信息技术的进一步发展，网络应用正在逐渐由电脑端过渡到移动端。相关数据显示，截至 2023 年 12 月，我国网民规模达 10.92 亿人，手机网民规模达 10.91 亿人，网民中使用手机上网的比例为 99.9%。在这样的背景下，各行各业都在通过移动终端设备抢占移动互联网的市场份额，物流行业自然也不甘落后，各种 App 产品如井喷般纷纷出现。如今，移动终端设备在国内得到了普及，人们可以随时随地随心地获取各种信息，而移动终端应用的出现也对传统的商业模式进行着颠覆。在这样的形势下，物流参与各方便可以摆脱时空的限制，实现更便捷的对接，如此一来，整个行业的运营效率就得到了提高。对于物流行业来说，其未来重点发展领域就是移动物流。

2. 物流 App 的主要类型

尽管都是携手移动互联网推出自己的 App 产品，但是不同的企业有着不同的切入点，所以提供的内容也就存在着差异。总体来说，这些物流移动终端应用大体可以分为三类。一是查询物流资讯类产品，只是将查询资讯的地点从电脑端转向了移动端，这是大多数互联网产品从传统互联网向移动互联网过渡的统一路径。二是进行干线车货匹配，此类产品不再只是端口的迁移，而是移动互联网与物流行业之间的进一步结合。产品主要面向长途货运市场，摒弃中间环节，将货主与车主直接连接在一起，使得彼此之间的物流交易变得更加高效、透明。换句话说，此类产品其实就是一个优质的信息平台，能够为车主找货、为货主找车。三是同城货运也可以说是车货匹配的同城模式，主要面向同城细分市场。此类产品同样也是一个信息整合平台，能够将同城闲散的运力以及资源调动起来，以满足货运需求。

3. 物流 App 的运营

如今，市场上的物流移动应用在数量上形成了一定的规模，但是能够保证质量并运营得当的却少之又少。其实，若想将物流移动应用做出成绩，就必须根据其不同的定位制定不同的运营方式，否则只会走向失败。对于查询物流资讯类的应用来说，其实已经无所谓运营方式了，因为此类产品功能太单一，而用户的需求却日渐多样化，所以逐步退出市场已成定局。干线车货匹配类的应用有着不同的生存状况；行业大鳄经过多年的经营已经聚集了大量的忠实用户，开启收费盈利之路也算顺风顺水；行业中的后起之秀则采取了另辟蹊径、小步快跑的战略，盈利也指日可待；而更多的企业却仍处于摸索之中。相比上述两类应用，同城货运类的应用可以采取的方式要更多一些，因为此类应用面向的是更加细分、更加多样的需求，自然有着更多的机会与更大的空间。

4. 物流 App 模式的优势

在很多人看来，物流企业是一个靠雇用大量快递员支撑的行业，缺乏足够的技术门槛，与移动互联网、大数据等相关技术没有太大的关联。而随着“互联网+”浪潮的不断推进，各种创业者及相关企业纷纷将目标定位于物流市场，通过推出各种细分领域的物流 App 深度挖掘这一领域的巨大潜在价值。在人们眼中发展落后的传统物流行业，也开始向集众多高科技于一体的现代物流转变。互联网使人们能够跨越时间与空间的限制实现无缝对接，但迫于基础配套设施及信息流通方面的问题，国内的社会资源长期以来以一种高成本、低效率的方式流通，给我国的经济发展带来了严重的阻碍。而物流 App 的出现则为打破这种局面提供了绝佳的途径。物流 App 是物流企业与移动互联网之间深度融合的典型代表，其优势主要体现在以下两个方面。一是借助手机中的 App，人们能够及时掌握自己发出的货物的实时信息，并通过方便快捷的操作方式随时随地享受各种优质的物流服务。二是物流企业可以借助 App 发布与之相关的各种信息、为用户提供各种各样的优质服务，并通过与用户之间的交流互动获取反馈信息，从而对自身的产品及服务进一步优化，在为用户创造更多价值的同时，也使自身获取较高的回报。虽然开发及运营物流 App 产品需要投入海量资源，但为了抢占更多的流量入口并提升自身品牌的影响力，广大物流企业需要整合各种优质资源，打造出一个综合型物流 App 应用平台。

5. 物流 App 模式的市场应用

“移动互联”成为目前企业界关注的热点，而物流 App 的出现，使物流企业可以与消费者实现即时高效的交流互动，进一步提升了用户服务体验。更为关键的是，凭借着物流 App 应用在移动终端市场的占有率，企业品牌的影响力能够获得极大提升。目前，物流 App 将方便快捷的服务作为吸引消费者的切入点。从市场中的一些物流 App 的使用情况来看，目前可以做到通过手机对快件实时状态信息、运费及网点位置进行查询的物流 App 产品已经很多，如 EMS、如风达、顺丰速运等。这些应用产品都具备在线收发件、实时查询快件状态信息、评估运费等核心功能。在某些细节方面，它们也存在着各自的优势与不足。与 EMS、如风达及顺丰速运能为用户提供扫码查询及输入订单号查询相比，有的快递 App 用户只能通过输入订单号来查询订单的状态信息。物流 App 具备的投递模拟功能得到了广大用户的一致青睐，它能够让用户在真正投递快件前大致了解配送时长与费用，在这一方面，EMS 与顺丰速运 App 提供的服务较为完善，人人快递目前仅能为消费者提供费用预估。而如风达这两种功能都不具备，但其具备的“摇一摇”功能能够让用户对发件地址进行自动定位，有效避免了手动输入信息的烦琐流程。整体来看，这四款快递物流 App 产品在核心功能方面并无太大差异，而顺丰速运在细节方面做得相对更为完善，与其在国内快递市场中的统治级地位也十分契合；EMS 紧随其后，如风达相对处于弱势地位。

（三）物流 O2O

我国传统物流行业几乎是垄断的，只有中国邮政一家独大。但是在电商模式的迅猛发展下，中国邮政因为服务不到位、运送不及时，满足不了时代需求，从而导致淘宝、当当等电商平台在中国的出现及迅速发展，以“四通一达”和顺丰等为代表的专业快递公司在短时间内发展了起来。而京东的物流体系也随着京东商城的崛起而得到快速发展。京东在物流建设方面取得的卓越成绩，使其成为众多电商平台效仿的楷模，很多电商平台也着手打造自己的物流体系。但创建自建物流所需的大规模资金投入又成为大部分公司不得不面对的一个问题。如今，线上线下一体的物流企业之间展开了激烈竞争，对整个物流行业的未来走向造成影响。

移动互联网在对传统行业进行改革的过程中，通常会应用到大数据分析、线上线下一体模式以及信息智能化处理技术，但是能够完整地建立线上线下一体化模式的平台又极少，物流领域也不例外。当今的物流 O2O 模式已经迅速崛起，随着其自身的不断发展与完善，必将成为物流行业的主体。它的迅速发展主要由以下几个因素促成：一是移动互联网发展带来的机遇随着移动互联网时代的到来，O2O 模式在很多领域得到应用，无论是餐饮、生鲜、零售业，还是医药、教育等领域，各行各业的 O2O 模式都得到了快速发展，送货上门服务也更加常见。但是配送问题就成了企业不得不面对的巨大考验。有相当一部分平台在物流方面都存在短板：由经营者自己提供配送服务，无法保证服务质量，而且很多商家也不想增加自己的劳动量；而中通、韵达等第三方物流企业不适合距离太近的货品运输；打造独立物流体系需要大规模投入资金。这些因素促使了物流 O2O 模式的出现及快速发展。二是传统物流行业中信息不对称问题急需解决，在中国传统物流行业，承担配送任务的货车司机一般为个体户，大部分货运工作都是由他们完成的。他们接受货运任务多是通过熟人和朋友介绍，或者是直接在当地的货场与需求方达成合作关系。这种松散的货运业务承接模式，也使货车司机接不到订单，而另一边，需求方无法找到合适的货运承接方。在这种情况下，物流 O2O 应运而生。三是移动电子商务快速发展带来了强大的物流需求，随着移动电商迅速崛起，其物流需求也日益增大，现有物流模式已经跟不上它们的需求。尤其是在购物狂欢节，如天猫“双十一”、京东“618”等，短时间内物流量急剧增加，当前的物流模式难以应对这种挑战。这时要想顺利完成配送任务，就急需大量的配送人员参与，而无论是第三方模式还是拥有独立物流体系的平台都无法在短时间内组织起这样一支大规模的物流团队。众包物流模式的出现完美地解决了这一问题，使突增物流量不再是物流行业的噩梦。四是物流成本及服务质量问题促进传统物流行业的 O2O 模式改革，在原有的物流模式下，很多货运企业面临大量的返程成本，加上车辆保养费、上涨的油价，进一步加大了成本消耗。怎样让货运司机提高运营效率，做到货运往返途中降低空载率？采用 LBS 的货运 O2O 模式将满足车主们的这一需求。目前，服务质量水平偏低是国内物流行业面临的问题之一。如何在短时间内提升业内的服务质量，是当前物流行业的主要任务。新物流模式的推出，如第三方平台、众包模式、自建物流，将互联网运用到物流行业，必将有效地改善这方面的问题。

物流 O2O 运营模式。在众多 O2O 模式中，众包模式是人们日常生活中较为常见的模式，也正在成为人们生活中不可或缺的一部分。这类模式中为人们所熟知的有达达、京东众包等。众包模式不仅受到了快递人员的追捧，而且受到了广大用户的青睐。全民众包模式的出现给广大的自由职业者和无业人员带来了大量的工作机会，实现了他们想利用闲暇时间获取更多报酬的梦想，提高了他们的收入，这为众包模式带来了追捧者和受益者。无论是工薪阶层、公务员，还是无业人员、自由职业者，只要有足够的闲暇时间，并且愿意成为快递人员，都可以通过申请加入快递大军。其中，顺路快递这种特色模式更是能在降低快递成本的同时提高服务效率。在传统的快递模式下，无论是上门取快递还是物件的配送，都是极为耗时的。相比传统模式，顺路送快递借助平台的资源优化配置，将配送任务分派给周边的快递员，有效地提高了货品的配送效率。除了较为特殊的闪送，众包模式的服务价格一般较低。但全民众包模式也有不完善的地方，主要体现在以下两个方面：①货物在运输途中可能出现意外情况，因而损害到用户利益。就算平台对配送人员设置较高的准入门槛，也难以杜绝意外状况的出现。从配送人员的角度来分析，若交给其配送的物品价值不菲，不排除其私藏的可能性。此外，虽然闪送允许用户通过手机终端追踪货品的位置，但仍然不能百分之百保证安全，因为平台不可能做到无时无刻掌控配送人员的行动，若配送人员想牟取私利，可以在拿到货物后关掉位置识别功能。即便是平台提供的监控功能，也无法杜绝意外的发生。为了免去用户在交易方面的顾虑，淘宝利用支付宝工具进行处理，并要求卖家缴纳保证金。然而，物流 O2O 与淘宝的运营存在较大区别，无法使用该模式。②服务质量问题。在很多情况下，配送员需要提供上门服务，但众包模式下的配送服务人员大都没有经过严格、统一的培训。在国内影响力较大的众包物流公司中，只有“闪送”平台会对一线配送人员进行统一培训，除此之外，大部分平台的配送人员通过审核后即可上岗；即便进行了培训，也不够系统。

物流企业众包模式。部分物流 O2O 平台主要面向物流企业实施众包模式。在这方面具有代表性的案例有运宝网、PP 速达等。其中，运宝网将几千家物流专线公司、100 多万条物流线路整合起来；PP 速达联合了我国十多家规模较大的物流企业。很多聚焦于线下渠道运营的物流企业因全民众包物流 O2O 的迅速崛起而面临发展困境，这些企业无法通过线上渠道获得足够的流量。众包平台则为传统物流企业提供了平台支持，能够有效拓展其流量，获得渠道，因而传统物流企业并不排斥与众包平台合作。以全民众包模式为参照来分析，面向物流公司的众包模式在具体实施过程中，能够减少需求方在货品安全方面承担的风险。因为在全民众包模式下，除了个人之外，并没有其他形式的参与主体，当货品的安全性得不到保障时，想要查找具体的责任人难度很大。针对物流公司的众包模式则不同，负责配送货品的公司对其安全性负有责任。而且，物流公司的配送人员在接单之前需接受公司的系统化培训，相比之下，能够为用户提供更为专业、优质的服务。尽管该模式存在许多优势，但其弊端也同样突出，体现在两个方面：一是流量问题。如果平台本身缺乏流量，无法通过自身的运营为合作的物流公司带来更多的有效用户，那么平台就很难维持自己的生存与发展。当平台处于早期探索阶段时，这个问题表现得尤为明显，那时其影响力及覆盖范围就十分有限，而竞争对手又频频展开攻势。为了获得持续性发展，平台不得不砸重金进行市场推广。二是跑单问题。在为其他物流公司导入流量的同时，要有效保证自己在整个运营过程中存在的价值。不少采用全民众包模式的物流平台为了降低跑单率，将配送服务所得报酬的绝大部分都分配给快递工作者。但针对物流公司的众包模式与之存在较大的区别，当用户通过平台找到能够满足自身需求的物流公司后，很可能会与该公司达成长期合作关系。

自建物流模式除了众包模式之外，还有一些企业打造了独立的物流体系，趣活美食送就是这方面的典型代表。作为新兴的物流企业，该平台区别于传统自建物流的地方体现在围绕线上线下一体化的物流运营模式展开。在现阶段，餐饮外送是其主导业务。如今，对于国内采用线上线下一体化运营模式的企业来说，物流配送越来越成为其竞争焦点。与第三方物流公司合作，不仅能够有效降低自身的成本消耗，还能借助于物流公司的专业配送服务，更好地满足消费者的需求，加速整体运转。以外卖行业为例，国内占据主流地位的外卖平台或是独立打造物流团队，或是与第三方物流平台合作。

以众包模式为参照进行分析，在自建物流模式下，平台会对每一个配送人员进行专业培训，从而提高配送服务的质量。但以趣活美食送为代表的第三方自建物流平台，在刚刚兴起阶段需要足够的资金支持，因为此类平台在初期需要大量的成本消耗。另外，此类平台难以通过提供配送业务而获得高额利润，规模化运营是其唯一的选择，这意味着平台难以在初期发展阶段实现盈利。若缺乏资金支持，平台则很可能被淘汰出局。许多以校园为主导市场的物流平台也正是因为这个原因，在危机的边缘苦苦挣扎。由于规模扩张对企业的资金实力提出较高的要求，与众包模式相比，此类物流 O2O 平台通常需要经历更漫长的时间才能形成规模效应，导致企业无法及时抓住机遇。当同类企业在某区域内的发展进入成熟阶段并形成自己的竞争优势时，其地位就很难被其他平台取代。

物流 O2O 转型痛点及未来趋势。从宏观角度来分析物流行业的未来发展趋势，尽管在现阶段很多物流 O2O 平台的发展都存在弊端，但毫无疑问，将有越来越多的物流 O2O 平台出现在国内市场。与此同时，物流 O2O 的迅速发展也会给传统物流带来巨大挑战，因此，很多传统物流企业都在寻求改革升级。移动互联网的参与，使得中介的影子逐渐消失了，如此一来，物流成本就得到了有效控制，整个行业的现状也就得到了改变。同时，互联网的介入也使得物流 O2O 有了巨大的发展空间。然而，尽管传统物流企业在长期的发展过程中建立起一定的品牌优势，通过提供服务获得了大规模资金，并十分擅长线下推广，但此类企业要想转型为 O2O 模式，仍然不可避免地存在着障碍，表现在体制问题、流量入口问题和人才问题等方面。在今后的发展过程中，移动互联网在物流行业的渗透作用会更加明显。

近年来，中国电子商务产业成为消费增长的重要来源之一，由此产生的庞大包裹量推动物流领域逐步走向智慧化。但是，目前中国物流发展水平远远不能满足电子商务发展的需求。中国电子商务快速发展，导致在节假日、电商促销时，物流公司频频出现“爆仓”现象，再加上物流水平不高，存在到货慢、货物丢失、商品损毁、送货不到位等问题，也成为消费者主要的投诉对象。电子商务现在已经渗透到人们日常生活的方方面面，电子商务物流迎来巨大发展空间的同时也面临着升级的挑战，如更快的速度、更低廉的价格、更优质的服务等，这一过程就是实现物流产业智慧化的前奏。

三、智慧物流

我国如今一些乡村的农产品仓储技术和设备还不完善，尤其是在保鲜冷链方面，使得农产品配送难度加大、成本持高不减，影响了乡村农产品电子商务发展。因此乡村电商企业必须加强针对冷链物流的技术研发，创建出新型乡村农产品物流配送平台，建设一体化、无脱离基地，衔接好各个配送环节，确保物流配送即时性，有效控制好物流运营和管理成本。要合理采取现代化技术手段，实现创新型科技农产品和物流配送的有效结合，选用多元化产品配送方法，比如利用社区投递柜配送、自提点提取等，处理好“最后一公里”无接触配送的相关问题。例如，山东省临沂市平邑县打通农村物流“最后一公里”，基于立柱架梁，实现县镇物流贯通，打造物流“主动脉”，建设双向物流体系；严格以“改善物流、共享物流”为核心原则，打通农产品配送体系中的“毛细血管”，控制运输成本，打造出电子商务融入乡村的“高速公路网”。同时，该县还不断购买现代化器械和设备，促进物流高效率运行，并凭借阿里巴巴旗下溪鸟系统，打造快递企业分拣混扫平台，整合和汇聚数据；建设电商产业园，打造大面积专用共配仓库，并采取交叉带分拣技术装备，对包裹进行智能化分拣、高效化配送，确保作业效益。该县通过这种物流整合，使得快递车次由之前的 68 次减少至 40 次，每次节约了高达 2 500 多元的物流运输费用，且分拣量快速增加，分拣人员快速减少，从根本上节约了人、物、财等资源。

此外，乡村发展农产品电子商务，还要基于新型网络信息技术，比如云计算技术、物联网技术等，打造接近完美的智能化物流运输管理平台，创建智能高科技仓库，并不断创新电子商务活动组织模式，制定行业标准，将电子商务和“合同物流”“仓库管理”等相融，打造农产品电子商务发展新业态，形成智慧物流体系。

智慧物流的特征主要体现在以下三个方面：一是采用现代信息和传感等技术，运用互联网进行信息交换与通信，实现对货物仓储、配送等流程的有效控制，从而降低成本、提高效益、优化服务。二是通过应用物联网技术和完善的配送网络，构建面向生产企业、流通企业和消费者的社会化共同配送体系。三是将自动化、可视化、可控化、智能化、系统化、网络化、电子化的发展成果运用到物流系统。

（一）云物流

云物流模式中，需要做的是构造一座物流信息互联平台，为用户提供统一的“窗口服务”和支持其业务应用运行所需的计算资源、存储资源，并可在云端实现应用信息间的关联、审计、高级分析计算与展示，甚至基于商业互通标准的交互。云物流使用户以更低的成本、更灵活的方式获得优质、高效、及时的物流信息服务，进而提升物品流转速度，最大限度地降低资源浪费。云物流融合了云计算、物联网、优化和智能分析及移动技术的应用，涉及物流运作管理服务、供应链可视化服务、关联方门户服务、供应链协同网络服务、智慧物流移动服务等多个领域。

云物流管理模式相比传统的物流和快递企业的商业模式来说是独特的。在云物流信息平台上，整合了海量的订单信息，具有社会化、节约化和标准化三大优势。通过云物流管理模式，建立云物流信息平台，不仅整合了海量的订单，还集成了成千上万的快递公司、派送点、代送点。

综上所述，云物流能够很好地推动电子商务的进一步发展，它有着传统物流所没有的几个优势，列举如下：一是云物流对物流信息进行了很好的集成。在实际运作中，物流行业中的某个企业首先搭建一个“行业云”平台，集中行业中的私有数据，即集中来自全球发货公司的海量货单；其次，对海量货单和货单的目的路径进行整理；再次，指定运输公司发送到快递公司，最后送达收件人。在这一过程中，云物流对物流行业的收货、运输、终端配送的运作模式进行了整合，实现了批量运输，部分解决了我国运输行业长期存在的空驶（或半载）问题，提高了运输公司的效率，降低了成本。二是云物流帮助物流企业进行业务重构。当一个企业承担物流的全部功能时，实际上是承担了所有的物流活动。第三方或第四方物流出现以后，通过对物流活动进行细分，实现物流作业专业化，提高了物流活动的效率。第三方或第四方物流能够提高物流效率的本质，实际上是对物流活动进行重新组合即业务重构，实现了业务活动的专业化。目前，在物流领域有些运作已经有了“云”的身影，如车辆配载、运输过程监控等。借助云计算中的“行业云”，多方收集货源和车辆信息，并使物流配载信息在实际物流运输能力与需求发生以前得以发布，加快了物流配载的速度，提高了配载的成功率。三是“云存储”也是其中一个优势。利用移动设备将在途物资作为虚拟库存，即时进行物资信息交换和交易，将物资直接出/入库，并直接将货物运送到终端用户手中。此外，供应链零售业在云物流的影响下也将发生变化。

云物流对物流行业发展也产生了深远影响。一是中小物流企业得到快速提升，服务能力由于受成本、资金、技术能力等因素限制，广大中小物流企业无力进行大规模的开发和技术投入，运营管理和信息化服务大多处于初级阶段，借助云物流服务，中小物流企业可以按需购买服务，按使用量付费，以可预计、可接受的成本投入换取服务能力、服务水平的快速提升。企业自身只需要配置成本比较低廉的终端，就可以实现对海量信息的处理和运营管理效率、服务质量的大幅度提升，而不再需要专业的开发与维护队伍、庞大的研发和服务器等硬件投入，中小物流企业主要通过互联网掌控和管理企业的运营。二是促进服务标准化发展，推动行业合作与转型升级，借助云物流服务，可以推动行业在产品与服务的标准化、运营与服务的信息化、物联网应用的透明化等方面的大幅度提升，降低企业在更大范围开展合作及资源整合的门槛，促进整个行业服务的标准化、信息化和透明化，推动行业合作与转型升级。三是推动专业化发展，提高效率，降低成本。依托云物流服务平台，在使大量物流企业获得专业、可靠、高效、成本可控的服务的同时，云物流服务平台和所服务的物流企业都可以更专注于自己的核心业务，把核心业务做强、做专、做透，大幅度减少和整合行业在信息化、互联网服务方面庞大的研发维护投入压力和巨大的资源浪费，推动整个行业的专业化发展，提高资源利用效率，降低运营和服务成本。

电子商务的交易活动虽然是跨越时空障碍的交易活动，但交易对象之间的资源配送却仍然受到时空和交通条件的限制。在商品配送上，交易双方可以任意选择物流公司提供的商品运输配送服务，但这时如果物流公司在交易双方一定距离内没有自己控制的物流节点，商品配送就会失去快速性、稳定性、一致性、可跟踪性的保障，没有一流的物流服务，交易双方便会选择其他更为优质的物流公司。要解决这一问题，传统的物流管理模式在设置物流节点和物流网络时，必须尽可能多地覆盖用户点，尤其是对于需要一体化物流服务的跨国公司、大型制造厂商等。同时，物流网络中的仓储、配送、运输设备等也需要综合考虑，以使整个网络系统内的资源能很好地满足用户需求并降低物流成本。

物流通过建立统一的信息平台，吸收了电子商务的配送需求，汇聚了海量的订单，使得全国的物流企业都愿意加入云物流体系，构建了一个庞大的、遍布全国各地的物流节点，使得电子商务企业更加愿意借助云物流信息平台提供的物流配送服务，实现双边市场特性，促进电子商务企业和物流企业的共同发展。

（二）无人仓

在移动互联网经济的趋势下，许多领域都迎来了空前的发展机遇和全新的模式变化，尤其是电商行业。而在电商行业中，仓储物流成为竞争关键。如何有效地应用人工智能机器人技术也决定着企业的未来发展。目前，许多一流的第三方仓储物流企业已经积极地升级转型，不断引进先进的自动化系统，追赶机器人潮流，一方面能够有效地提高效率，另一方面也大大增强了企业的竞争力。

无人仓就是在智慧物流体系下无人值守的物流仓库，从货物入库、存储，到包装、分拣，真真正正实现全流程、全系统的智能化和无人化。智能机器人的出现，能够解决在整个运作过程中容易出现的大部分问题。例如，减少从订单到交货的时间，智能化系统减少工作失误、减少劳动力的使用等。现阶段，中国日均运送包裹数已经达到亿级，大量的人工分拣、运输和包装对任何一家仓储物流公司而言都极具挑战性。智能化的物流模式终将成为我国物流行业的发展模式，智能机器人在市场上的逐步应用将开启智能化仓储物流的新时代。在无人仓，智能机器人分为供件机器人、分拣机器人和搬运机器人三种。供件机器人的“慧眼”（智能相机）能智能扫描识别包裹的二维码、形状和大小。它也能使用机械臂抓取包裹进行投递。供件机器人将识别后的包裹放置在分拣机器人上，分拣机器人将包裹智能传递给搬运机器人，实现完全无人值守。2017年，京东和阿里菜鸟网络的无人仓落地，标志着电子商务智慧物流建设迈进了全新的阶段。众所周知，目前国内电商在线上消费体验方面已经越来越同质化，而如何在物流配送和服务等方面进一步提升，则成为各大电商差异化竞争比拼的关键所在，而肩负着智慧物流的第一步的仓储如何更加高效、更加智能，无疑是各大电商打造智慧物流的首要关注点，而在让仓储更加智能化的途径上，各大电商平台不约而同地选择了“无人化”这个大方向。

（三）无人配送

人工智能、大数据、GPS、GIS等技术不断迭代，在提升即时配送环节的效率、可靠性、安全度，以及提升用户体验感方面发挥着重要的作用，将促使即时配送平台朝着更加智能化、人性化方向发展。即时配送目前正在进入技术密集型阶段。随着人口红利的消失，快递从业人员将存在很大的缺口，无人配送将代表着未来物流的发展方向。无人配送主要依托于“高精度地图数据+智能导航系统”，无人车配送、无人机配送、机器人配送是当前主要的应用模式。目前，BAT 和京东等互联网巨头企业均在无人配送领域进行研发投入，通过技术、资源的赋能全力推动行业技术应用水平的不断提升，推动物流技术从自动化向智慧化转变。

智慧物流战略的核心，就是打造以用户体验为中心、创新科技为动力、智能系统为基础的即时配送体系，推动即时配送行业完成第三阶段的转型。未来，电子商务企业智能调度及一系列智能硬件将形成优势互补，逐步实现无人机配送，并最终实现效率最优化的无人配送。整个配送环节都无人化，极大地解放了人力。无人配送的优势主要表现在以下几个方面：无人机在空中飞行线路为直线，距离最短，几乎无视地形，没有传统快递配送运输路线的局限性。无视地形的优势在偏远地区更为明显。运营成本较低，节省人力和时间成本。京东曾测算目前无人机配送成本与普通快递员持平或略高于快递员，未来实现定型和规模化之后，配送成本将下降 40%～50%。效率高，速度快。无人机拓展了空间的使用效率（由平面到立体），没有堵车风险。因此，无人机将会大幅度提升配送效率。适用于小批量、高频次运输。小批量、高频次是电子商务物流的关键特征，相比其他配送方式，无人机有着得天独厚的效率与成本优势。非常适用于偏远地区和紧急件的派送。

新零售背景下，快速、及时、实时的物流配送将成为刚需。随着物联网技术的进一步升级，物流配送将层层渗透到居民生活的方方面面，实现万物互联，未来新零售趋势下的即时配送需求比重会逐步增加，而即时配送服务的人性化、智能化，将成为构成消费者购物体验的重要标准。当前是物流企业发展无人配送的关键时机，如何通过科技创新实现降本增效、提升竞争力、挖深“护城河”将是各大物流企业需要思考的问题，无人机也许给予了物流行业新的方向和可能。

第四章 农村电商助推农文旅融合的经验探索

随着乡村振兴相关政策的不断推进，乡村振兴战略日渐明晰，各项配套政策逐步细化，“三农”问题逐步得到解决，乡村活力得到空前激发，农业景观资源、农业生产条件、乡村文化资源等的价值得到了进一步挖掘。打破传统旅游产业经营发展模式，利用现代移动平台，把众多旅游者供应商、旅游中介、外来旅游者、景区、旅行社等各方信息资源整合在一起，进行集中销售，从而进一步降低旅游成本，实现多方资源互惠、整合、各方共赢的局面。

在消费升级的趋势下，随着人们的出游频次不断增加，以及对假日生活质量的要求不断提高，乡村旅游市场空间得到了拓展，推动了农文旅融合向着更完善的方向发展。农文旅融合，即一二三产业融合，农业是吸引源头、文化是提升品质、旅游是盈利途径。

以农文旅融合实现“线上+线下”双线闭环的供销贯穿体系，利用“四生、四共、四融”（四生：生活、生产、生态、生意；四共：项目共育，过程共管，成果共享，责任共担；四融：文化融合，制度融合，资源融合，利益融合）的农文旅融合实施发展理念，共创共生共赢。未来农业必须转型，必须由“卖原料”向“卖加工品”转变，由“卖大路货”向“卖品牌产品”转变，由“卖产品”向“卖服务”转变，实现全环节提升、全链条增值、全产业融合；真正的农文旅融合项目要以农业产业为基础，旅游休闲为形态，风土文化为灵魂，挖掘乡村的深层价值，在乡村原有的基础上做创新。农文旅的融合是产业的融合，是农业产业跨越传统产业边界与文化旅游产业相互改变产业链的过程，同时，文化旅游产业的无形要素要跨越产业边界，应用到农业产业，对相应功能模块进行创新。要不断激发农业的多种功能，丰富旅游产业链，让农村一二三产业融合发展成为农耕文化、民俗文化、民族文化等的载体。农文旅融合有利于推进农业结构转型、助力乡村振兴、实现农民增收致富、带动农村高质量可持续发展。

在后疫情时代，一些平台型互联网企业与文博机构、旅游景区合作，通过“会员模式”“流量转化模式”“体验付费模式”等方式，整合打造市场化的数字文旅消费平台，不断提升数字文旅产品的供给质量。同时，强化数字文旅体验和线上线下互动，将文化内容与数字娱乐充分融合，将文化场馆、旅游景区植入网络游戏、动漫、电影、直播等数字娱乐场景之中，采取“游戏＋虚拟游”“动漫＋云展”“电影＋沉浸式体验”等方式，构建数字“虚拟文化空间”，带动由虚拟体验形成的周边产品消费。

丽水的“两山”理论探索回应了时代新的呼唤，具有重要的实践价值和理论意义。全域为生态功能区的丽水，与沿海发达地区和已经进入工业化后期的地区，显然是不同的，不论农业、服务业还是工业，生态既是不可逾越的红线，也是重点生态功能区经济体系的最大特色，更是这一地区经济的潜在增长极的根本所在。这就要求重点生态功能区从自身定位和实际出发，努力探索出一条有区域特色的现代化经济体系构建之路，其核心就是让越来越美的“绿水青山”，催生出越来越丰饶的“金山银山”。

近年来，丽水市主动适应引领新常态，积极转变经济发展方式，始终遵循习近平总书记“绿水青山就是金山银山，对丽水来说尤为如此”的重要嘱托，深入践行“两山”理论，奋力打开“两山”通道，确保与全省同步高水平全面建成小康社会，勇当绿色发展的探路者和模范生，全面布局和加快发展以农旅融合为标志的新兴绿色产业，努力构建富有活力的生态经济体系。

经过长期坚持的探索实践，“两山理论”重要思想已根植丽水大地，深入人心、深得人心，成为干部群众的共同意愿和自觉行动，极大地影响和改变了丽水的发展理念、发展思路、发展方式和发展未来，初步走出了一条具有山区特色的经济社会和生态文明协调发展的道路，实现了“五美融合，主客共享”。遵循、践行“两山理论”，为丽水农旅融合战略的推进打下了深厚的思想基础和发展根基，指明了农旅融合发展的价值取向、目标任务、工作着力点和制度保障等，引领着丽水农旅融合战略深度推进，使得农旅融合发展成为“绿水青山就是金山银山”科学论断的生动实践和现实典范，成为推动经济转型升级、实现绿色发展的重要手段，成为脱帽“欠发达”、迈步“绿富美”的精彩样本。

一、丽水市特色农产品O2O体验馆

丽水市在践行“绿水青山就是金山银山”的发展理念中，打起“确保与全省同步高水平全面建成小康社会，勇当绿色发展的探路者和模范生”的使命，认真贯彻新发展理念，致力于打造国家级旅游业改革创新先行区，力促美丽生态、美丽城乡、美丽经济、美好生活、美好事业“五美融合”，通过理念引领、全域推进、乡村复兴、政策供给、产业融合、社会协同、平台升级、品牌共建等八大举措，以农旅文融合为主要抓手，全面打造绿色发展升级版，使得丽水实现从绿水青山到金山银山的华丽蝶变。

伴随着城市健康体系深入人心的构筑，健康饮食的理念已经在日益增长的物质需求即将部分饱和的状态下被提升到主层次。单一化从蔬果类农产品分析，因为市场需求的刺激，农村有机农产品的市场卖点便在此时凸显出来。相比非农村生态环境产品，农产品少了去市场赶着跑的匆忙，也增添了朴实，没有催熟上市的担忧，也因为农户无法承担昂贵的农药成本负担。最简单直白的方式是：农产品原生到只需要放开栅栏，赶进一群小鸡小鸭到菜园、田间地头，整个夏天，可以不用再为它们操持烦心了，想吃生菜了，跑到田间地头躬身摘两棵，地头的小水渠洗洗就好。

原生、安全且便宜又能吃得健康的生态产品，才是最朴实的消费卖点。结合合适的运作模式，利用互联网思维，发力将农村电子商务借助本身特有的农产品价廉物美的卖点，走出去，卖得动，因此，O2O 模式的发展扩张是必然的。

为了实现“互联网＋农业”的新型发展模式，浙江山山网络科技股份有限公司组织建立特色产品 O2O 项目部，创建的丽水市首个“丽水市特色产品 O2O 实体馆”和“O2O 线上精品馆”于 2016 年正式开张。该公司应用电商为线上销售渠道，以体验店为终端联结下线客户，通过线上线下推进发展的战略模式布点农产品“O2O”，开创真正意义上的线下与线上结合互动，带动传统农业转型升级。

以发展本土电商为核心价值观，立足“当地特色农产品＋地标性产品环境”，结合企业自身的平台资源与客户群体，整合线上线下资源，提出了在本地打开农产品进城布局与问题细化靶向的解决方案，该公司自身凭借多年的互联网 O2O 发展运营，在本地实现了范围性区域化布局，整合产业上下游资源，形成强大的客户与数据体系。

项目运营中，在产品采购前期，采购人员进入农户农产品基地和农产品企业，进行产品调研，确定合作农户及所购农产品后，将签订合作协议，对产品进行责任捆绑，实现每一个产品都标注产品的生长信息，之后用户可以在平台的PC端、手机端下单，经专业快递公司的快捷化配送，瞬间将产品与消费者、农田与市场、农村与城市打通，中间依托强大的各方资源与属性，有机结合起来。

线下体验馆选址于丽水市绿谷信息产业园山山梦想城主入口核心位置，建设完成面积不少于500平方米的丽水市特色产品O2O实体馆。同时，依托山山商城和淘宝开设2家网上店铺，整合包含丽水九县（市、区）各地具有显著地标特点的农特产品。山山美食馆、丽水市特色产品O2O体验馆年销售额达3 200万元。

通过O2O模式，加强农村产品销售的线上与线下的紧密融合。同时，通过“企业化运作＋政府支持”，由多渠道的营销提升本地农产品品牌附加值，在培育生态产品交易市场、创新生态产品资本化运作模式中都值得借鉴。

二、“双招双引＋数字兴镇＋引凤筑巢”

在推进乡村振兴的进程中，各级政府统筹调度，各地纷纷展开了农文旅融合发展工作，大力发展基础设施建设，助力农文旅融合发展。大东坝镇希格斯网红学院位于松阳县大东坝镇二滩坝村，由杭州希格斯科技信息有限公司和浙江讯唯电子商务有限公司共同成立，主播之家设立科创驿站、网红达人服务驿站、共享直播间、共享供应链、大学生校外数媒创作实践基地，具备一定程度的自我造血和持续运营基础后，下一步计划打造大东坝融媒体中心、孵化中心、农文旅乡村振兴交流基地①。

杭州希格斯公司以绿色农业内容电商为方向，基于后疫情时代的健康需求和国家对新农人大力扶持的政策趋势和去中心化的“货找人”内容电商2.0时代，通过在大东坝打造主播之家，一方面希格斯网红学院利用积累的标准化IP人才选、育、用、留机制不断孵化地区性“新农人”IP。另一方面通过希格斯选品中心，利用农产品供应链专家团队，建立体系化的绿色农业产品供应链，采用标准的质量控制体系输出品牌产品。同时，通过希格斯贝塔赋能，建立专业的品牌营销和内容策划团队，为公司孵化和签约的“新农人”IP输出内容。利用专业的经验和方法孵化IP电商达人矩阵，推动短视频和直播赋能IP，高效率塑造大东坝及松阳的优势特色产品品牌。

① 资料来源：https：//mp. weixin. qq. com/s/yCkd2DbAeYDldc4qXGTWEQ.

作为大东坝镇双招双引的重点项目之一，希格斯核心团队由黄巍、陈皮和龙哥三人组成。其中，黄巍作为 WHEEL 基金合伙人，是阿里巴巴前 100 号员工，有 10 年 PE&VC 投资经历。创立过独角兽企业车猫网，成功投资 4 家上市公司和互联网企业。陈皮作为养蜂界第一 IP 矩阵（2 000 多万粉丝）幕后操盘手，是多家企业 IP 孵化顾问，电商 MBA 成员，直播电商（网红经济）研究院特聘研究员，拥有 10 年的操盘经验。龙哥毕业于北京电影学院，电视媒体从业 20 年，对拍摄、剪辑、编导、策划有丰富的实战经验。

据字节跳动相关工作人员介绍，2020 年松阳县“三农”网红密度和活跃度居全国首位，而根据 2022 年团委摸排全市网红的情况来看，以大东坝镇的“三农”网红数量最多，粉丝数最多。

近年来，在丽水市、松阳县各级政府领导和有关部门的支持指导下，大东坝镇涌现出一批优质的视频电商创作者，如张俊杰、德米日、麻功佐、谢金佑、黄雪景、黄俊榕、潘海清等，粉丝数超过 10 万的网红达人就有 6 人，其中粉丝数量超过百万的有 2 人。根据现有网红达人发展情况，依托大东坝镇的省级农村综合改革集成建设项目建设背景，凭借多年来乡村旅游、特色工坊、石仓古民居等农文旅项目的深厚积累，大东坝镇将会涌现出越来越多展现“坝里”优质生态环境、宣传农文旅资源、带动特色产品上行的优质视频创作者。

各级政府着力打造集农业观光、农耕体验、休闲度假等为一体的新形态农业发展格局，不断拓展农业功能，随着农村集体土地所有制度的不断改革，城镇一体化建设稳步推进，农村劳动力大量流失，为新时代经济体系下的第一产业发展提出了更大挑战，农业功能的不断挖掘有利于激发第一产业潜力，在农文旅融合发展模式下，既能保证农业的基础性地位，也有利于反哺文化旅游产业的稳步发展。近几年，随着乡村振兴战略的持续推进，乡村旅游的市场需求也不断提升，越来越多的城市居民从长距离出游转向了周末或是乡村近程出游，这也加速了城市周边的乡村微度假的发展。

为此，松阳县大东坝镇立足“乡土文化名镇，全域旅游强镇，生态产业大镇”的发展定位，创新实践“两山”理念，盘活“绿水青山”资源，结合“国家级生态镇”“丽水市十大特色乡镇”等美誉，以大东坝镇山水风光、特色工坊基地、百年古民居、客家民俗、外景旅拍、“三农”网红集群为基础，提出打造“中国农文旅视频电商第一镇”的目标，围绕“打造一批农旅视频拍摄地、设计一批农旅网红体验线路、开展一批视频电商普及提升培训、举办一批农文旅视频电商主题营销活动、运营一个新媒体平台矩阵、提升打造一条大东坝网红产品供应链”等方向，形成效率更高、链接更快的“直播＋”，提升大东坝镇知名度，形成品牌和文化传播优势，有效带动就业，吸引人才。文化体验型乡村旅游将游客带入具有民俗文化、手工艺、民间艺术和饮食文化等多种传统文化元素的村庄，为游客提供文化体验，丰富游客感受的同时也使村民直接受益。在农文旅融合发展的推动下，古村落文化、红色文化、民族文化、乡俗文化等各级地方特色文化不断发展。

2020年伊始，讯唯电商和松阳大东坝镇强村公司牵手合作，采用混合所有制模式，整合国有资本、村集体固定资产、社会资本、乡村闲置资源，试水乡村资源公司化运营路径，成立松阳乡趣文化旅游有限公司，通过乡村“共享小院”等新载体，在“创新机制、资源运营、数字引领”上探索了一条乡村价值转化的新路径。

大东坝的乡村创新运营，希望探索连点成面的“未来乡村”模型，在乡村振兴的战略指引下，结合互联网应用的普及，重点形成三个方面的成果：一是乡村资源与城市需求链接方式，通过互联网的传播与交易，使城乡的链接更有效、更精准，激活更多的存量资源、闲置资源与自然资源禀赋；二是乡村劳动力形态变化，使“手机变成新农具、直播变成新农活、数据变成新农资”，让更多的乡村劳动力在数字经济时代被释放出来，促使更多的人返乡创业；三是生产与销售协作组织结构变化，让生产、销售及城乡的协作形态在线化，进一步提高合作效率及精细分工。

为此，2020年以来，大东坝镇与松阳乡趣文旅持续围绕乡村农文旅资源的盘活运营，以平台化的经营思维，将“共享小院”打造为一个乡村创新的链接节点、资源平台、共享空间。并围绕乡村运营创新，打造出乡村数字经济推动产业发展的新景象。2020年1月14日，乡趣文旅在大东坝镇承办淘宝直播、央视春晚共同发起的“春晚团圆饭”丽水站直播活动，直播现场不仅宣传了石仓客乡的乡土风情，同时通过直播带货，积极销售包括泡豆腐、白老酒等石仓特产。镇领导带头直播，和当红主播一起推荐石仓农产品。2020年5月19日邀请马蜂窝平台的旅游达人“那里旅行小可爱”来石仓体验推荐；2020年7月31日联动丽水广电总台“飞越丽水再出发”大型直播活动走进大东坝；2020年8月1日抖音达人“丽水光头强”和游客一起体验石仓豆腐制作过程。2020年10月30日，在中国农村电商大会上，丽水市副市长介绍了大东坝镇通过共享小院模式，推动乡村资源价值转化，助力乡村振兴领域探索的案例。

随着大东坝乡村振兴的深入推进，大东坝在原有良好生态环境、文化环境、乡村环境的基础上，通过创造良好的创业环境、创作环境和服务环境，从“筑巢引凤”到“引凤筑巢”，真正吸引了一大批“坝里人”和“坝外人”选择安家大东坝：从“松阳蜂王”麻功佐到“90后”退伍消防员张俊杰、从“退伍不褪色”的退伍军人谢金佑到文创青年黄俊榕，从松阳女孩“麦香”到松阳媳妇“竹夏”，大东坝吸引着这一批“80后”“90后”的“坝上芽儿”回归家乡、回归乡村，他们利用从外边学到的知识和文化，带动当地农特产品销售，帮助家乡产业经济发展，反哺着自己的故乡和家乡的父老乡亲。他们利用最新的互联网工具，宣传家乡风光和家乡文化，让更多的人更好地了解家乡，帮助家乡复兴建设发展，他们也希望用自己的发展来吸引更多走出去的“坝上芽儿”能够回归故乡，让乡村真正成为“老一辈人”和“新一辈人”共同的乡恋故土。

与此同时，一大批“坝外人”也静悄悄地选择在大东坝安家落户：来自俄罗斯的“网红博士”德米日，目前在上海东华大学商务管理专业攻读博士学位。2020年的时候，因为突如其来的疫情，德米日决定暂时从学业中抽离，转而开始“研究探索”中国浙江的山水村落。在大东坝这些剥离了外界喧嚣的小山村里，有连绵的青山、缥缈翻腾的云海、清澈的溪水、漫山的野果，还有村民们原生态的、自给自足的生活方式，这种早已经在城市里消失不见的安宁和“乡愁”，仿佛把德米日拉进了一个诗情画意的世界，从那时起，德米日就对中国的传统村落和文化生活一见钟情，并想要把这种美好的生活方式和风景分享给更多的人。打铁、赶猪、挖笋、酿酒、造纸、割稻子、做豆腐、做霉干菜，德米日开始利用短视频的形式，记录在大东坝的生活，并将这里的生活分享给更多的人，向全世界展示着中国乡村的美好，也用镜头把美好的乡村生活传播给世界。他不但传播着这份舒适，也一直致力于把松阳乡村里最美好的东西分享给大家。于是，德米日转头又做起了直播带货。带的不是什么时尚快销品或是奢侈品，而是松阳的农特产品。村民们自己晾晒的红薯干，新鲜甜美的土蜂蜜，古法熬制的红糖……每一次直播他都认真地为粉丝介绍着当地的农特产品，将松阳大东坝的美食和美景一起，推向外面更广阔的世界。在德米日的计划里，等毕业以后，他甚至想要在松阳租下一小块儿地，开始更加全面地体验松阳的乡村生活。

来自日本的上条辽太郎（朋友们称呼他“六”）与妻子上条绫子带着孩子搬进了松阳蛤湖村的自建砖房。六和妻子酿酒、染布、践行自然农法、用怪异的澳洲乐器做音乐、自己在家接生并拉扯大三个娃。如今来到松阳乡下，生活的不确定性再次展开。在大理生活了7年的六选择逃离舒适区，转而到大东坝重新实验种地这件事。在六的世界里，困难仿佛是乐趣的同义词。回想着初到大理时，他不会说中文，也没有老婆，独自面对重重阻碍，看着生活一点点变好，就像打游戏打到通关。这种感觉他想再体验一次。

原来在大理时，六拥有了新的名字与身份，来到松阳，生活忽然安静下来，一切又回归到家庭和土地。在大理，他已经掌握了生存的诀窍，在松阳，一切都要从头开始。重新装修房屋花费了他们好几个月的时间，现在依旧是进行时，从整修瓦片到铺上榻榻米，之后他还打算在户外造一个披萨炉和日式泡池，让生活变得更完整；原本一位企业家打算将一座占地几百亩的荒山交给他打理，合作最终没谈成，他便从村民手里租下2亩荒地先行试验。第一年往往是最难的，要观察当地的气候和土壤条件，挑选出适合的种子，毕竟光是白萝卜就有好几十个品种。落脚此地4个多月，经历了炎热的夏秋，湿冷的冬天，他已经根据当地气候盘算好后续的耕种事宜——除了常规的土豆、西红柿、辣椒等蔬菜外，这里也适合西瓜和地瓜的生长。另外荒山上还有野生的猕猴桃，在大理他从未种过水果，现在将进行新的尝试。六并不奢望能在土地上收获满分，也不追求大规模效益，此前在大理种水稻，收成最好的时候也不过亩产400来斤。但许多朋友尝过他种出来的蔬菜，虽然个头不大，但滋味更为浓郁香甜。在松阳，当他做装修或是干农活时，总会有当地老百姓跑过来围观。有人会指出他这个方法不好，而他从不辩解。他总结出了一套和村民交流的经验，既不主动灌输自然农法的理念，也不必为方法不同而引起争论，他通常会告诉大家自己正在做实验，“如果你告诉他们农药不好，这样就对立了。”在大理时，村民们一开始也会怀疑这样的耕作方法是否能有收获，但后来看到田地的杂草间长出蔬菜，证明不除草不打药也能行得通，他们的想法自然就转变了。

从事自然农法的除了六这一家，还有郑国健一家，38岁的郑国健出生在广东河源，大学读电子专业的他在毕业时却选择进入了杭州一家做生态农业的公司，从此与生态农业结缘。也是因为生态农业，他认识了一个叫周微的姑娘，俩人组成了一个小家庭。周微对儿童自然教育非常感兴趣，曾在美国游学三年从事这方面的学习。两个年轻人对待“自然”方面有着共同的追求，俩人也到过日本、新加坡、夏威夷等地，学习研究自然教育。2017年，这对年轻的夫妻做了一个出乎常人的决定：带上1岁的儿子，一起到松阳的山上生活。做出这样的决定并不容易。郑国健和周微选择的“山上生活”，并非我们想象中的普通山村生活。夫妻俩最终选定的是一个叫百鸟朝凰的村子，而他们扎营住下来的地方，距离这个村还有1公里的山路。在这个海拔800米的地方，夫妻俩带着孩子开始了“日出而作，日落而息”的农耕生活。在这里，连阳光也变得更纯粹。夫妻俩开始建造一个自然基地。

郑国健从百鸟朝凰村所在的大东坝镇内大阴村农户手中流转了180亩土地，打算分三期复垦，目前已经复垦了115亩土地。他还发动了百鸟朝凰村的村民们一起开荒垦种，水稻种下去了，余下的田地里种上了番薯、萝卜、土豆，甚至还种了雪莲果。郑国健和周微就在这里生活了下来，他们白天在田地里劳作，给来基地里体验农耕生活的人们教授自然农法。许多来自城市的孩子们陆陆续续来到这里体验自然农法的魅力。在自然基地里，夫妻二人有着一定的分工，郑国健负责这片自然家园的农事劳作，周微则更加侧重自然课堂的教学。自然农法种植出来的农作物也很受欢迎。广州、上海、北京、杭州等地的20户家庭，已经提前预订了这片自然农场种植出来的农作物。这个季节，稻谷成熟，带着稻香的谷子被收割下来，打成新米，再通过物流，走进这20户家庭，变成这些城市家庭餐桌上的一道带着自然气息的美味。尽管有更多的家庭想预定自然基地里产出的农作物，但郑国健觉得一切要慢慢来。周微的“自然课堂”，同样有很多忠实的粉丝。她还请来了原本从事第三课堂自然教育研发的好友郭凌曼一起长住基地，和她一起开发“自然课堂”。

每逢节假日和寒暑假，自然家园里提供住宿的帐篷里总是欢声笑语，家长们带着孩子来这里过起了纯粹的自然生活。自给自足的劳作生活，让城市里的人们卸下了面具和压力，在这片自然的天地里释放天性，静下心来感受自然。有的家长甚至愿意整个暑假寒假都带着孩子住在山上，体验这种自然的生活。周微还给基地取了一个很好听的名字“百鸟朝凰森林学校”。

如今，自然基地日益壮大，这里养上了鸭、鹅，也种上了五谷杂粮，郑国健甚至还打算在这里种植红花、藿香等中药材；种植水蜜桃、石榴等果树也在规划之中。这个自然的森林学校，好像藏在深山里的一颗小种子，正在生根发芽，逐渐长大。

讯唯电商将以“共建、共享、共治、共荣”为运营内核，以数字经济为驱动引擎，持续推动乡村农文旅资源的有效盘活，丰富旅游地数字农文旅产品供给，推动内生动力盘活、特色产业振兴与数字经济深度融合，促进乡村农文旅产业数字化、常态化、标准化发展，不断融入数字经济发展大格局，持续探索打造乡村资源价值转化和乡村产业振兴发展新路径。

三、农村电商升级版的“富川观察”

推进乡村振兴快速发展，“农业＋文化＋旅游”融合发展已经成为一种极具实践意义的发展模式，以农业产业为基础，以旅游休闲为形态，以风土文化为灵魂，深度挖掘乡村价值，跨界创新产业业态，实现产业链、供应链、创新链、技术链、人才链的融合，进而形成一个分工协作、互利共赢的农文旅融合发展模式。

富川瑶族自治县是2016年国家级电子商务进农村示范县，有几个方面做得很具典型性。在推动机制上，可谓是县域电商“顶配”：成立了以县委书记、县长，党政一把手为组长的县电商产业发展建设领导小组，同时组建正科级单位县电商发展中心，设置人员编制9名，还将电商产业发展工作纳入目标管理，列入各乡镇、部门年终考核内容，实打实地评分比赛。在产业基础方面，富川是中国知名的脐橙基地，规模和品质都是极好的，这些年唯一的遗憾是不少果子被果商用“赣南脐橙”的名义卖了，但是互联网消费时代提供了再次品牌放大的机遇①。

由于临近广东，作为广西“东融”的桥头堡，富川青年的创业意识与氛围也要明显地强过中西部的县域。2019年开始，商务部以“升级版”的形式继续支持县域开展电子商务进农村综合示范工作，让农村电商出现“老角度，新命题”。富川作为升级版示范县，到底升级了哪些方面呢？除了以往的“铁三角”，富川根据现有资源的优化整合与突破升级，规划了这样几条主路径：

一是围绕产业瓶颈打通。推动“小县城”和“大市场”的链接能力，针对富川供应链与流通能力的制约，建设投入运营的县农产品电商产业园，目标是打造为桂东北地区最大的产地农产品集散平台。这个产业园占地面积276亩、总建筑面积18万平方米，预处理中心就占地6万平方米，大型仓储、分拣加工设备、箱框加工厂、加工厂房、低温冷库等设备设施一应俱全，可以为果农和客户提供包括分拣、包装、加工、冷链、仓储、物流的全套服务，大大提高了脐橙等生鲜农产品预处理的效率，并已经辐射江华、江永、道县、恭城、平乐等周边10多个农业大县。随着供应链能力和流通体量的增大，继而又促成

① 资料来源：https：//mp. weixin. qq. com/s/CTlWnZyF43cU9U1QQLhAHg.

了顺丰产地仓、圆通产地仓在富川的落地建设，目前全县物流价格较 2019 年降低了 20%，随着脐橙季的到来，之前需要拉货到南宁分拣发货的大卖家开始驻扎富川，实现了产地直发。

二是围绕人才技术升级。针对疫情影响下农户外出就业难、农产品流通难，富川顺势利导，组织实施直播带货的培训，开展直播销售比武大赛、超级带货达人评比等活动，孵化培育出了一批优秀的本土网红。网红直播培训超 1 615 人次，新增直播账号 155 个，注册网店 2 363 家，电商从业主体 23 476 人，开展乡野直播 262 场，带动农产品销售达 3 650 万元。富川的田间地头出现了手机成为“新农具”，直播成为“新农活”的新景象。

三是围绕农旅融合升级。深挖“农旅融合”和“乡村旅游”大文章，开展“电商＋乡村旅游＋农产品”的联合营销，与桂林国旅等旅行社共同策划脐橙采摘体验游、长寿宴簸箕宴体验游等活动，充分利用线下的游客人流与产品、民俗结合，建立起线上朋友圈与社交分销矩阵，通过线上农产品消费服务，线下农家游体验，培育出七彩虎头、潇贺岔山、慢城花海、风情下湾、生态毛家、古韵深坡等网红景点，加快带动了全县乡村旅游业蓬勃发展。以农业、旅游业和文化产业融合发展的助能模式激发乡村经济的活力，促进产业转型升级、城乡联动，增强人们幸福感、获得感，带动农村与城镇高质量可持续发展，力争塑造成为乡村振兴新征程时期一支农文旅产业融合发展的高端有质、有效力量。乡村微度假目的地提供了一种全新的度假产品，从消费上看，微度假旅游目的地也满足了城市居民享受乡村“慢生活”的需求。

富川农村电商的“升级版”，不仅仅需要链路、产业、队伍的升级，更需要以大格局促桂，全方位“东融”的站位和定义去迭代。正如农村电商的升级版，既需要持续成为脱贫攻坚的加速器，又要打造成乡村产业振兴的新引擎！

四、平顺县电商扶贫微商村纪事

以农文旅产业融合，引领产业振兴。以农业为核心，将文化和旅游引入农村经济中，依托现有特色资源和闲置资源，在农业生产的基础上，促进农业多功能发展，延伸农业产业链，促进农民收益共享。

电商扶贫“微商村”项目是各地抢抓国家实施“电子商务进村”和“互联网＋”行动计划战略机遇，动员社会力量全面参与到农村电商和电商精准扶贫工作中，创新农产品交易方式，增加农民收入，促进乡村振兴的一项富民项目。农文旅融合驱动乡村振兴的机制在于以组合优势延伸产业链，多方向拓展功能；并以旅游业放大价值链，提升农业、文化等产业及其产品的附加值，激发消费市场。乡村振兴需要着眼于农村、农业和农民，着力于生态、生产和生活，以农文旅产业为抓手，积极推动旅游与乡村的自然资源、文化价值、生态环境、特色村落嫁接，打造乡村振兴的新引擎。

从县城出发一直向南，行驶近 15 公里，就能抵达潞党参的主要种植区之一龙溪镇东彰村，这原本是上党盆地东南部的一个普通小村，地处太行山南端，山西省东南部，与河北、河南两省接壤，是中国大红袍花椒之乡、潞党参的正宗产地。在 2018 年平顺获评国家电子商务进农村综合示范县后，县委县政府确立以龙溪镇东彰村及周边村为试点建设微商村，探索实践电商帮扶新路径。龙溪镇政府牵头组织东彰村村委会以及实施企业，制定筹备执行分工、建立工作机制、人员摸底调研，同时进行农户走访、村民动员、氛围营造、选址等活动，接着龙溪镇政府发文成立"'微商村'建设工作领导小组"，高效快速推进项目建设。

2019 年 1 月 18 日，县政府召开微商村项目启动会，市、县相关领导出席，"微商村"全民创业正式启航！最初小部分村民们通过培训学习，尝试通过微信朋友圈、微店平台开展销售，就卖当地盛产的潞党参、大红袍花椒、杂粮等地方特色农产品，慢慢地，带动周边村男女老少齐上阵，短短 5 个月时间，微商从业人员发展到 65 人，销售额达 95 万元，让东彰村的老百姓乐开了花。更可喜的是，涌现出一批微商创业的典型人物，成为东彰乃至龙溪、平顺的电商创业致富带头人！

杨王芳，龙溪镇龙镇村曾经的建档立卡贫困户，家有 60 多岁的患病父亲，和去年刚患过敏性紫癜的 4 岁小儿子，刚刚 30 出头的年纪，却经历了生活的种种不易，微商村项目为她开启了致富增收的大门，通过培训学习微商课程，她鼓起勇气开了自己的微店，将平顺的农特产品玉米糁、花椒、潞党参、南坡青米等，上架到微店销售，已经成交 1 228 单，销售金额 17 800 元，产品销往山西、河南、广东等地。

赵斌，龙溪镇东彰村曾经的建档立卡贫困户，当过兵，退伍返乡后在建筑工地干过勤杂工、测量放线员等工作，因公受伤腰部落下隐疾。前些年也曾开过淘宝店，终因运营水平跟不上导致无果而终。虽屡屡受挫然创业之心不死，微商村项目让他重燃信心，再度踏上网创征程。成功开设了自己的微店，上架销售党参、花椒、青小米等本地农特产品，微店销量超 500 单，销售金额达 15 000 元。

“折翼”飞翔者——赵国荣，当命运的绳索无情地缚住他的右臂，当别人叹息生命的悲哀时，他依然固执地为梦想插上翅膀，用左手在白纸上写下：认真听课，学习知识。那跳动的字符，正是他努力飞翔的轨迹，赵国荣微店的销量达 137 单，销售金额 1 370 元。

创业创新巾帼——韩明燕，一个温和的女性，内心却充满了无限张力，她不畏困难，由传统销售渠道向线上商城转型，让农产品搭乘“电商快车”销往全国，她是创业路上最靓丽的一道风景线，用女性的灵巧和智慧编制收获的花环，微店销量 2 869 单，销售金额 308 453.70 元。

通过接触微商，东彰村村民们电商销售的意识和氛围不断增强，他们不仅卖党参、花椒、杂粮，就连家里的土鸡蛋、槐树花、手工艺品都放到了朋友圈，有的上架了自己的微店，而且很受欢迎，白天田间种党参、除草，田边小憩时，掏出手机拍摄农事场景照片、录制小视频，晚上回家听线上沙龙讲座，上传更新微信朋友圈、微店图片……忙得紧凑，过得充实，处处涌动着创新创业的热潮。微商村项目运营从初期的 1.0 版微信朋友圈、2.0 版微店平台到现在以抖音视频、网络直播等主要营销工具引流推广的“2.0＋”版本。为了壮大微商产业，县政府正研究出台《平顺县扶贫产业奖补和扶贫扶志激励办法》，从政策资金奖补方面加大对微商从业人员的扶持力度。而平顺的“微商村”建设工作还将继续以国家电子商务进农村综合示范县建设为契机，助力农民增收，让其成为平顺增收致富的新引擎。

作为一种新型的社会化销售模式，微商也在助力农特产品走出去的过程中，逐渐摸索自己的生存之道。微商村呈现出的生命力有别于淘宝村，它需要有地方产业的基础和支持。而随着互联网，特别是移动互联网的普及应用，让更多农村老百姓可以把碎片化的零散时间和地方农产品资源、乡村文化对接到城市的大市场，大大缩短了需与求的沟通路径。微商也真正在助力农特产品走出去的过程中，逐渐摸索自己的生存发展之道。

目前，微商正在经历着由粗放式草根化野蛮生长到逐步建立规则和规范，进行商业化运营的过程中，普遍面临着来自信用保障、产品质量、知识产权、培训规范、渠道管理等多个方面的问题。也需要在探索发展过程中，及时找寻破解之道，促进行业健康、有序发展。帮助更多地区打赢致富增收攻坚战，助力乡村振兴产业兴旺。

打造“以旅兴农，农文旅互惠共赢”的乡村振兴模式，坚持全域旅游发展理念，扎实推进农文旅融合发展，大力发展休闲采摘、精品民宿、农事体验、观光度假等，释放磁吸效应，形成以旅兴农、以农促旅、文旅结合、城乡互动的乡村旅游发展新格局。以现代化思维发展乡村旅游，致力形成“环境因乡村旅游更美丽、产业因乡村旅游更兴旺、百姓因乡村旅游更富裕”的发展态势，以“农”兴乡村，以“文”促发展，以“旅”期未来。

五、“三畲”联动开启民族乡村共富新引擎

遂昌县三仁畲族乡“好川畲意馆”“小忠畲竹馆”正式揭馆运营，与此前开张的“畲味居共富工坊”形成“三畲”联动，由“小畲味”公司整合经营，开启民族乡村共同富裕新引擎。“好川畲意馆”投资83万元，由闲置的公路养护房屋修缮改造而成。该馆占地面积200平方米，定位集设计研创、3D试装、展销、加工制作、电商销售、研学旅行为一体的民族服饰研创中心，馆内设接待区、展示区、直播区，可提供民族服装、文创产品展示，研学旅行及民族服饰文化沙龙等服务。“小忠畲竹馆”投资80万元，由小忠村废弃猪舍、牛栏等改造而成，设有竹文化展示区、竹编技艺体验区、咖茶休憩区、竹林烧烤区，可展示、销售竹编制品，开展竹编技艺与美食制作研学体验。

“畲味居共富工坊”重点打造畲乡风情旅游集散地和目的地，包括文化礼堂、特色包厢、小畲味直播间、农特产品销售中心等，具备同时接待300人团队餐饮、购物、民俗文化展演的能力。在开馆仪式上，三仁畲族乡与遂昌县农商行签署《党建联建——金融书记助力畲乡红·共富工坊战略合作》，遂昌县农商行为三仁畲族乡共富工坊联盟授信1亿元；遂昌千佛山旅行社有限公司与三仁畲族乡签订“村旅共富”合作协议，全方位助推游客进村，助力民族乡村共富。

与此同时，通过乡党委政府牵线搭桥，线上与线下共同发力，“小畲味”与诸暨、象山等地“山海联姻”、与本地企业携手签订团购协议。通过招商形式招引运营团队，联合经营“畲意馆”“畲竹馆”“畲味居”，与嘉兴、宁波、绍兴等山海协作地区的高职院校合作创建实训基地，进一步延伸民族乡村产业链，丰富农文旅融合业态，促进民族乡村村集体和各族群众增收致富。2022年，小畲味“共富工坊”实现销售收入520多万元，带动畲乡900多户村民增收100多万元，6个民族村集体经营性收入增长85.7%。

农村电商升级的路径，是渠道升级、产业升级、服务升级、机制升级和队伍升级，是农村数字新基建及其拓展应用。

一是农村电商产销对接渠道与方式的升级。渠道升级的目的，是要不断完善产销对接方式，提高对接能力和交易水平。为此，第一，在产销对接方式上，要着力发展社交电商、视频营销、直播带货等电商新业态、新模式；第二，要加快发展产业电商，发力B2B尤其是农批主渠道。以往农产品电商的发展，更多的还是体现在2C的零售电商。2B的产业电商尚待重大突破。如果说农产品上行，2C电商是增量创新、复制成长的开阔地，那么，2B的产业电商就是存量转型、规模突破的制高点。下一步，应该把2B的农产品电商作为渠道升级的主攻方向，在农批主渠道的电商化数字化上取得突破，这样农村电商升级就可为数商兴农带来不一样的局面；第三，要统筹线上线下，特别是在疫情背景下，以线上带线下更加重要；第四，近年一些地方发展本地农村电商平台的新探索值得关注。

新型电商平台的社交属性和流量分发机制决定了它不会发生类似于传统电商平台的规模经济和网络效应，进而出现垄断。因此，消费者购买意愿和忠诚度的培养更依赖于包括产品生产者诚信、物流配送、售后服务、品牌等网络口碑，加之与工业品相比，农产品特别是特色农产品具有显著的地域特色以及异质性，为防止假冒伪劣、以次充好等现象的发生，农产品上行需要政府背书，构建完善的市场监管机制，通过农产品认证、产地溯源、国家地理标志保护等方式加强对本地农产品的保护力度，严厉打击各种网络侵权行为，有赖于地方政府、平台和生产者经营者三方的努力。

二是农村电商产业载体的升级。产业升级的目的，是通过改进电商交易标的产品（包括实物产品与非实物产品）及其交付能力，提高农村电商产业供给侧对市场需求侧的适配性。①要集中发力农村电商产业升级的两大重点领域，即网货产品和供应链，这对于具有非标准性、保鲜保质难的农产品而言特别重要；②要以市场需求为导向，推进“品种培优＋品质提升＋品牌打造＋标准化生产”提升；③要立足产业特点匹配电商（“电商＋”或“＋电商”）。须知，2B电商与2C电商不同，卖产品与卖旅游的电商做法也不同。对各地来说，农村电商产业升级，应重平台合作，强产品质量，用数据说话。

三是农村电商应用所需要的落在当地的服务载体、服务能力的升级。服务升级，是按当地农村电商的发展需要，改进相关的商业服务与公共服务，为农村电商提供更好的服务支撑。第一，要围绕农村电商“三点（县、乡、村）一线（物流快递）”服务载体，按多站合一、共建共享，快递进村、统仓共配等服务升级的要求，努力提升建成载体的服务质量；第二，加强县域乡村商业体系建设，补齐短板的同时，加快促进农村商业业态创新；第三，把握服务升级的新机会，特别是农村产业电商、农商互联电商服务升级的机会。

四是农村电商各种参与主体之间的关系和发挥作用方式的升级。机制升级的目的是按照农村电商的发展规律，通过调整和改善相关主体间的利益关系和合作方式，更好地合力推动农村电商发展。一方面是加快实现农村电商政府项目市场化的机制切换，切实解决运营中的实际问题，培育和不断强化农村电商内生造血能力；另一方面是应对下一步农村产业电商发展之需，鼓励合作共赢，不断完善参与主体间的利益关系，有效调节不合理的利益分配机制和方式。

五是农村电商参与主体素质能力的提升和他们组织的优化。事情是靠人来做的，相关从业者能力的提升，在现今农村发展实情之下，对于农村电商发展更具有特别重要的意义。迄今为止在农村电商队伍建设上，各地一直高度重视农村草根利用电商创业，也非常重视对他们进行电商能力的培训。未来，扩大队伍数量仍然重要，但同时更应关注的是提升电商整体质量。一方面是要更重视发挥电商龙头的带动作用；另一方面是促进组织化创新，其中以数字化、标准化的方式提升“企业＋农户”特别是“平台＋企业＋农户”组织化创新特别重要；三是要加快农业企业的数字化转型。

六是发展农村数字经济，特别是发展农村电商所需的新的能力及其应用。电商升级引领数商兴农、服务构建新发展格局，当然离不开新基建，特别是大数据的建设与应用更为必要。其中，农业大数据不只限于生产领域，其实市场端的交易数据、需求变化的数据具有导向意义。东部一些地区以电商数据切入，推进农工商数据互联，不断拓展大数据在市场认知、产品研发、技术创新、营销推广、客户服务等多环节的应用，促进农村产业数字化的经验特别值得借鉴。

六、从“传统销售”向“互联网＋”裂变的“丽水样本”

为了让“山货”走出“山门”，丽水找准“互联网＋”的支点，通过大力发展农村电子商务平台，成功撬动绿色产业转型升级。继种植业、养殖业、外出务工“老三宝”之后，农村电商、来料加工、农家乐与民宿，成为丽水农民致富“新三宝”。丽水坚守电商“探路者、耕耘者”的工作使命，强化政策引领，创新发展模式，全面夯实基础，创新走出一条以电商发展促进产业提升，带动群众就业，激活致富潜能，助推乡村振兴，实现山区共富的发展路子。丽水已成为全国农村电子商务人才的培养基地和农村电商研究的主阵地。

（一）平台构建：外引内联打造产品营销平台

丽水样本

全面推进乡村旅游和农业产业的电商化，依托淘宝、赶街、山山商城等互联网服务平台，导入村镇民宿、土特农产品销售、文创工艺品、养生健康娱乐等销售平台，形成“旅游电子商务＋创新网商＋传统农业”新模式，实现地理信息引导、乡村旅游线路推介、乡村资源平台化推广、乡村特产电商化销售、乡村旅游综合服务咨询为一体的农旅融合电商化格局。

一是积极与阿里、去哪儿、携程、京东、1号店等电商平台进行对接、合作，开通了淘宝网“特色中国·丽水馆”“遂昌馆”“龙泉馆”和“松阳馆”，推广民宿、销售土特产品。

二是自建平台，通过赶街网、山山商城、丽水旅游App等本土平台的构建，推介农旅融合项目及产品。在遂昌县焦滩乡的魅溪土特产超市，经营者为来旅游休闲的游客，不仅提供实体店购物、生鲜体验购物等服务，还推出了PC购物、微信购物、产品卡扫描购物、店中触屏购物、App购物等多种购物方式，让包装精美、方便携带的升级土特产品，以更便捷的方式走出山乡。

三是与各地各类主流媒体、专业旅游网站、本地旅游及生活论坛网站进行合作推广，打通各地特色民宿、农家乐、特色景点、优质农产品资源，实现线上预定、线上支付、线下体验和线下服务充分整合，外引内联打造电商营销平台。

四是打造智慧版农旅融合。加强基于移动4G网络、物联网、手机App、全球定位系统、旅游信息化管理平台等软硬件建设，借助“互联网＋”和大数据的基础性、预测性、服务性功能，将互联网的创新成果深度融合于农旅融合领域，推进农村电子商务平台发展，打造智慧版农旅融合。鼓励各类主体建设涉农电商平台，拓宽农产品、民间手工艺和特色产品、乡村旅游等市场。加强与知名电子商务平台的合作。以开设地方特色产品馆或专区的形式，带动农副土特产品上网销售，培育本土涉农电子商务平台，重点支持一批本地涉农电商发展，并依托乡镇超市、农资服务门店、农民网店、村级公共服务中心等建设农村电商综合服务网络，支持涉农、加工企业开展网上营销，扩大电商在农业农村的应用。完善交通、信息、产地集配、冷链等相关设施，鼓励农村商贸企业建设配送中心，发展第三方配送等，提高流通效率。加大农村电商政策扶持力度。对符合条件的电商给予担保贷款及贴息。鼓励金融机构创新网上支付、供应链贷款等产品，简化小额短期贷款手续，加大对电商创业的信贷支持力度。让更多的农民通过“触网”走上“双创”新舞台。营造良好网络消费环境，制度化约束网上销售假冒伪劣商品等违法行为，大力培养农村电商人才，逐步改善农村电商发展环境。

乡村旅游的发展不再是简单的观光旅游，更多关注体验、交流、互动、品位等综合性需求。针对这些综合性需求，很多地方在营造产业体系的基础上，增加当地特色品牌，将农民和游客有机结合在一起，一二三产融合发展，形成了一种产业集群的模式。移动互联网的机会不胜枚举，但平台将是贯穿始终的主线。从操作系统、浏览器到应用商店，平台正在变得广泛而重要。所谓平台，实质是信息的增值通道，谁把握了这个通道，谁就掌握了通往移动互联网财富之路的话语权。我国移动互联网正从以运营商主导的时代向内容与应用为王的时代过渡，在移动互联网产业中，最为关键的就是平台运营商。眼下，围绕着方寸间的手机屏幕，平台之下迎来了许多争食者。其中，运营商、谷歌、苹果和手机浏览器厂商分别代表了不同的平台运营的理念。而在它们中间，谁才能够代表移动平台的未来呢？移动互联网将由谁主宰虽还未成定数，但各方都在试图摸索出一条能够控制未来移动互联网最大财源的通道，其中平台无疑已成为兵家必争之地。平台模式能否取得成功，关键在于平台经营。如何做好平台经营？平台经营涉及哪些内容？平台经营与生态系统建设关系怎样？平台经营是移动互联网的核心，平台经营的关键是通过开放共享广泛聚集合作伙伴和第三方开发者，形成平台企业、合作伙伴、第三方开发者共赢的局面。

可以看出，打造有价值的开放平台的本质就是建立良好的生态系统。生态系统的建设是平台经营的核心，也是平台经营制胜的法宝，没有良好的生态系统，平台经营难以成功；平台经营与生态系统建设两者途殊同归，目标一致，密不可分，互为一体。平台经营的运营过程和生态建设的运营过程在实践中是有机统一的，因为平台经营中最重要的内容是企业间合作、内容运营、盈利模式、API 开放管理、合作管理、制定平台激励机制等，这些正是生态系统建设的内容。因此，在运营过程中，强化两者的有机统一是必须的。

面对移动互联网巨大机会，需要更加专注、更加深入，不能将核心能力外包。做好合作需求分析，严格合作伙伴选择标准，有效选择合作伙伴，最广泛地开展合作。把握能力开放的本质，实现共同繁荣。实行积极的分成模式，提高合作伙伴积极性，提高合作伙伴的忠诚度。例如，苹果出台新的AppStore政策对开发者进行激励，包括添加付费搜索形式和新的订阅分成模式：由之前的收益“三七开”（苹果分得30%的收益，开发者分得70%）转变为第一年“三七开”，第二年变为85∶15，即如果开发者可以让用户在第二年付费订阅，可以享受收益的85%，而不是之前的70%。

总之，平台模式的形成是功能和服务到达某种程度之后的延伸，有了极致的产品和良好的体验，快速地积累用户，这才有了平台的人气基础。没有人气的平台是不能称为平台的，而平台战略归根到底是人气战略。有了人气之后，企业盈利模式会自然形成。经营平台要有开放的胸怀，保持平台开放的公平性、原则性；向合作伙伴开放用户数据、用户关系、流量等核心价值；合作共赢，让合作伙伴不断成长；始终坚持客户第一的观念，并落到实处；保证开放接口调用数据的成功率、稳定性和安全性。

（二）终端下沉：村级服务打造综合服务体系平台

丽水样本

赶街模式：赶街（农村电子商务服务站）以在农村植入、普及、推广电子商务应用为核心。推出电子商务、本地生活、农村创业三大业务板块，从而实现“消费品下乡”和“农产品进城”的双向流通功能。赶街农村电子商务服务站体系主要从综合型网络服务平台、县（市、区）级区域运营中心和村级实体服务网点三个维度进行建设。通过O2O模式，解决农村电商的信息不对称问题；通过渠道下沉到村，每个终端成为立体服务中心；通过定点收发，解决物流最后一公里；通过大数据后台总控，解决库存问题。目前，全市已建立近2 000个村级服务站。

小猪漫游模式：小猪漫游是一个集民宿、农家乐旅游、农产品销售于一体的电商服务平台，集民宿与农家乐、地方特色伴手礼、定制旅游服务、乡村营业指导，专业推广乡村漫游。小猪漫游目前签约上线了龙泉10个乡村的300家民宿、农家乐。如小猪漫游与下樟村农村合作社通过托管经营的合作方式，由小猪漫游负责经营管理，下樟村农村合作社则享有对营业额分成的权利。

乡村旅游的快速发展解决了农村经济转型中的一些顽固性问题，推进了农村旅游和农业发展的协同发展。通过村民的创业、就业与增收，加速了当地农产品的产业化、网络化和品牌化等方面的发展。旅游消费的智能化、数字化的变革推动着乡村旅游的升级。当前，中国旅游市场迎来智能化、数字化的变革。在住宿、交通、导游等环节，智能化、数字化创新持续推动着旅游服务效率和用户体验的提升。同时，在乡村旅游领域，很多地方智能化推进的速度明显快于城市，可以实现一些城市尚未覆盖的功能，如虚拟导游、农场预约等。现代科技的快速发展促使数字技术与乡村旅游的深度融合，为游客提供更舒适、便捷、个性化的服务。例如，利用 VR、AR 等技术实现虚拟导览、在线预订等服务，提供更加个性化的旅游体验。

移动互联网平台化商业模式的最大特点就是汇聚产业链上下游企业，平台模式的成功必将释放巨大的经济价值，对促进移动互联网产业发展、繁荣社会文化经济、提高人们物质文化生活品质具有重要意义。移动互联网企业实施平台模式，把握自身的战略定位十分重要。通常，平台模式有以下几种选择：

成为完全的平台中介者。自己搭建一个交易平台，通过强化平台运营和管理，汇聚内容开发者以及其他合作伙伴，自己不开发任何产品和服务，应用完全由开发者和合作伙伴提供，并通过合作分成、前向内容收费、后向广告收费等方式实现盈利。奇虎 360 在其开放大会上多次强调奇虎 360 开放所有业务、全部流量及用户数据，并且“只做平台，不做应用”，不与合作者争利，这对于开发者而言具有不小的吸引力。中国电信提出要做综合平台的提供者，平台的定位应该是平台的中介者，其成功与否关键靠能否提升平台运营能力和整合能力。

建立具有独特优势的差异化垂直平台。如今，几乎在移动互联网所有业务领域都有市场成功者和领先者，对于进入移动互联网的企业来说，不能盲目跟风，要结合自身资源能力和优劣势，做好市场研究和客户需求分析，选择垂直细分市场作为切入点，从而构建与市场领先者的差异化平台优势，企业才有立足之地。如在线旅游市场，携程无疑是行业的领先者，对于后来者来说，只有差异化定位才有生存空间。

对原有平台提供支持服务，成为平台的平台。搜房网通过分布于我国各主要城市的本地化站点建设，不断汇聚有买房需求和租房需求的客户流量，并利用这种需求汇聚的影响力，向各实体中介公司兜售发布房源信息的接入端口程序。搜房网不参与任何实际的房屋交易，通过房源信息的快速更新形成了良性循环。搜房网主要靠广告、行业出版物、职业培训、网站资源共享的授权以及面向中介公司出售营销工具、建立网络平台、提供解决方案而获利。这种模式就是为房产中介提供平台，同时，更好地为用户提供便捷的服务。

对现有平台提供延伸增值服务，成为“综合平台供应商”。平台模式的发展一般先是从满足客户核心需求的垂直应用平台做起，当垂直平台规模做大了、品牌做强了，在此基础上通过流量导入拓展和延伸业务服务领域，往往能取得巨大的成功。这方面的例子有很多，如 UC 优视科技有限公司最初是做手机浏览器的，通过实施战略转型，由手机上网入口向入口服务平台转变，如今 UC 平台能为用户提供资讯、游戏、音乐、电商等多种服务，成为一个综合服务平台。

开创全新的平台。对于移动互联网企业，要有勇于创新、开创全新业务领域的精神，打造全新的业务平台。但关键点在于：切实满足客户需求，对客户真正有价值；通过技术创新实现产业的拓展和延伸，提高竞争门槛；实行产品创新，真正推出客户想要的产品；实行商业模式的变革。这里全新的创新不是炒什么新概念，而是实实在在的创新，全新的创新，甚至是颠覆性的创新。

（三）强化培训：人才培养提升创业动能

丽水样本

丽水成立全国首家农村电子商务服务中心，为网创青年提供创业疑难解答、网销产品测试、专业技能指导等公共服务，推进农村青年创业教育和创业培训，通过各级电子商务公共服务中心，与大中专院校、社会培训机构等开展基础班、提升班、专项技能班等不同层级的培训，打造公共服务平台。依托本土农村电子商务的蓬勃发展态势，积极构建本地网上创业品牌活动体系，连续举办丽水市青年网上创业周、青年网上创业季等活动。联合市经济和信息化委员会举办了丽水市大学生创业孵化园路演大赛，激发丽水籍大学生回乡创业热情。同时，与阿里巴巴集团合作，举办了两届中国淘宝村高峰论坛，通过交流合作，不断开拓丽水青年网上创业的视野，形成创业创新的文化氛围。从 2006 年开始，以销售竹炭产品为起点，遂昌开始了农村电子商务之旅。如今，仅 23 万人口的遂昌拥有了 2 000 多家网店，小县城沿街随处可见银行、物流公司以及网店经营点，培养了一批“农创客”。

发展乡村电子商务，人才是关键要素，也是一大短板。一方面农村电商人才的数量较少，大学生大多选择在城市发展，不愿从事农村电商行业。同时，农村电商人才普遍年龄较高，无专业的电商技能，无法高效完成信息处理、库存管理、营销管理等工作。另外，农村电商人才培养方式滞后，注重理论讲解，忽视了实践操作，没有制定系统的培训方案，没有进行计算机、大数据、运营维护、美工等多学科培训，电商人才的综合素养较低。

基于此种情况，必须大力培养和精选电子商务专业人才，可以选择合适的当地农民，也可以积极引入外来高素质专业人才。培育高素质电子商务专有人才，一是要切实落实理论知识宣教工作，让农民意识到以电子商务推动经济振兴的价值和作用，并结合乡村振兴战略实施目标，让农民掌握电子商务变现方法和技巧，增强电子商务致富观念，推动电子商务营销业态转型；二是要鼓励农民参与专业化知识学习和技能培训，通过再学习形成现代化电子商务思维，掌握农产品电子商务运作技能。同时，还要在引入高校毕业生、返乡大学生等高素质人才资源的基础上，鼓励他们参与乡村农产品电子商务平台建设，彰显人才带动和引导优势，为发展“智慧农村”奠定根基。

例如，湖南省永州市宁远县坚持大力弘扬创新创业精神，依托本地创业孵化基地，大力培养电商人才，孵化本土电商企业，帮助劳动人民就业。2020年，全县共举办电商各类培训80场次，培训4 000余人次。尤其重视培训成果转化，坚持培训与创业就业实践相结合，举办7期“村播带货”培训班，构建“村播带货”人才链，共培育500名学员，其中100名优秀学员签约直播基地。邀请县政府领导化身“超级带货员”，与村播优秀学员共同开展直播带货活动，带动周边农产品销售近53万元。以“稳就业、强基础、富家乡”主题为抓手，开展宁远就业服务平台实操培训活动，全县40家企业人力资源负责人参加了培训，培训效益很高。

年轻人返乡创业或者政府（及专业团队）引领下的农产品上行是解决农业人才匮乏问题的手段。随着新型电商平台在农村地区的逐渐崛起，农村要素市场被激活，新技术、新品种、新设备逐渐被用于农业产业升级，在国家“双创”政策的鼓励和支持下，一批懂电商运营、愿意扎根乡村的本土人才逐渐回归并从事农产品电商，“直播带货”打造的“网红经济”成为农业产业升级的重要推动力之一。地方部门还应鼓励当地年轻人回乡创业，并在资金、政策方面提供优惠政策，提供技术指导，在农村搭建广阔的就业平台。因为返乡创业者经过原工作城市的历练，他们更善于利用互联网和电商等信息技术开展创业、创新，也更具有参与农产品上行事业的优势。

此外，还要制订现代化人才培训活动方案，为农户提供电子商务知识学习机会，为农户介绍通过电子商务平台运营商品的优势，并于公共场所张贴海报，让农民了解电子商务知识，进而形成电子商务促发展的乡村新风。与此同时，还可以定期或不定期地开展农民集体技能培训活动，优化人员素质培训体系。另外，政府也要大力支持，创建现代化电子商务技能培训平台，提升人才培育效率，保障电子商务发展效能。

综上，各级政府要极力构建农村区域的电商人才培育机制，应加大与各高校的合作力度，引导设立专门针对农村电商的专业课程，编制相应教材，设定培养方案，打造知识底蕴深厚、工作经验丰富、综合能力较强的农村电商人才队伍，还要为有志于从事农村电商的大学生提供科学的培养规划，使其掌握丰富的电商知识。地方政府还可以建设电商人才公寓、发放创业补贴、提供创业担保等，使更多计算机、金融、经济等专业的人才进入农村电商行业。

七、农村电商助推绿色发展的“丽水经验”

从 2012 年开始，丽水市委、市政府就准确把握互联网迅猛发展的态势，结合丽水山区城市的实际，率先从政府层面大力推动农村电子商务工作，并把全市农村电子商务工作办公室设在团市委。经过六年多的探索、创新，全市农村电子商务建设工作已逐渐形成较为完整的体系，在促进青年就业创业、促进农民致富增收、促进农业转型升级等方面取得了显著的效果，为助力乡村振兴农旅融合发展培育了新的增长极。

（一）大力推进农村电商建设，助力产业振兴

近年来在互联网技术驱动下，农村电商在优化农村产业结构、助推农业供给侧结构性改革方面的作用越发突出。截至目前，丽水市累计实现农村电子商务销售额 48.05 亿元，同比增长 24.38%。其中，农特产品网上销售额 25.82 亿元，同比增长 25.87%。电商创业具有资金投入少、场地限制小、入门门槛低等天然优势，因此，从事农村电子商务成了很多农村青年返乡创业就业的首要选择，目前，全市通过从事电商行业直接就业的青年已经有 43 000 多人，因为电商发展而带动的物流、仓储、第三方服务就业岗位在近几年也呈现快速增长态势，为乡村振兴产业兴旺添加了新动能。

（二）整合农村电商资源平台，拓宽农特产品销售渠道

推动农村电子商务建设以来，丽水市充分利用各大平台农产品网店、本土的山山商城、顺联微商城等资源平台，持续扩大丽水优质农特产品的销售渠道，大幅提升了丽水农特产品的溢价空间。据不完全统计，丽水市共有 5 900 多家网店销售农特产品，“横樟土蜂蜜”“倪老腌”“竹庭”等本土农特产品网销品牌已经形成了较强的市场竞争力，长期位列平台同类网销产品的前列。同时，开发了集大橱窗的商品展示、智能零售系统等功能为一体的全国首台“丽水山耕”农旅农产品智能体验商店以及集网络销售、分销系统、营销大数据等功能为一体的“丽水山耕”农集 App，大幅提升了农产品线上营销力度；打造的“一机游丽水”智慧旅游平台，打通了全市各地特色民宿、农家乐、特色景点、优质农产品资源，实现了线上预定、线上支付、线下体验和线下服务充分整合。

（三）建设农村电商服务站点，助力农产品上行

丽水市农村电子商务的重点项目——“赶街”农村电子商务服务站的建设致力于解决农村居民“买难卖难”问题，随着赶街 3.0 模式的发布，以社交电商为农产品上行探索方向，以本地化思维强化供应链管理体系建设，为当地农业组织提供诸如标准、溯源、分拣、包装、配送等公共服务，大幅提升了本地农特产品的持续网销能力。截至目前，全市已建设各类农村电子商务服务站点 4 367 个，其中赶街农村电商服务站点 1 590 个，为村民提供各类服务 30 余万次，涉及交易金额 1 800 多万元。

推进农村电商普及应用，助力乡村振兴。农村电子商务的发展打破了农村在空间上的天然屏障，使农村居民可以在网络交易平台上购买物美价廉的优质产品，让城里人买到优质的农产品，并通过农村电子商务站服务体系的运转，解决“最后一公里”问题；由政府主导、多方共同推动的百兆宽带进“淘宝村”“网络村村通”工程，解决了“信息最后一公里”的问题，让农村居民与城市居民一同享受互联网生活、工作、娱乐方式的改变；农村电子商务通过数据的集合实现信息的对称，指导生产、提高效率，在减少交易环节，降低交易成本的同时，提高产品生产的针对性，降低风险、提高效益，促进了农民致富增收。

综上，政府应鼓励各类主体建设涉农电商平台，拓宽农产品、民间手工艺

和特色产品、乡村旅游等市场。加强与知名电子商务平台的合作。以开设地方特色产品馆或专区的形式，带动农副土特产品上网销售，培育本土涉农电子商务平台，重点支持一批本地涉农电商发展，并依托乡镇超市、农资服务门店、农民网店、村级公共服务中心等建设农村电商综合服务网络，支持涉农、加工企业开展网上营销，扩大电商在农业农村的应用。完善交通、信息、产地集配、冷链等相关设施，鼓励农村商贸企业建设配送中心，发展第三方配送等，提高流通效率。加大农村电商政策扶持力度。对符合条件的给予担保贷款及贴息。鼓励金融机构创新网上支付、供应链贷款等产品，简化小额短期贷款手续，加大对电商创业的信贷支持力度。让更多的农民通过“触网”走上“双创”新舞台。营造良好网络消费环境，制度化约束网上销售假冒伪劣商品等违法行为，大力培养农村电商人才，逐步改善农村电商发展环境。

农村电子商务作为适合山区城市经济社会发展的新型业态，有效破除了山区交通、市场、信息方面的瓶颈制约，极大地改善了生态农产品上行之路，有效地解决了农村青年创业、农产品销售的两难，实现了农村青年成功创业、农村经济蓬勃发展、农民群众增收致富的多方共赢，成为乡村振兴产业兴旺的新动能。

（四）“山耕”文章，推动土货农产品转向旅游商品

适应旅游购物的消费需求，丽水提出将农产品转化为旅游地商品，做好“山货”文章。一方面，解决农旅融合中“买什么”的问题；另一方面，为实施多年的“生态精品农业”战略，解决渠道拓展和溢价销售的问题。“丽水山耕”作为市域公共品牌，以市农发公司为产业龙头，以农产品质量安全可追溯体系建设为保障，布局所有高等级景区、精品农家乐民宿网点，生产游客信赖放心、携带方便的伴手礼。

一是品牌统一化。实施品牌化，不仅要引导生产主体创品牌，为迅速形成影响力，初始阶段同样需要政府直接参与创品牌。在政府强力推动下，丽水创建了一个覆盖全市域、全品类、全产业链的区域公用品牌“丽水山耕”，以统一品牌形象面向消费者。丽水成立市生态农业协会，由协会注册“丽水山耕”商标，并委托国有独资的丽水农业投资发展有限公司运营，使得“丽水山耕”既体现了政府的权威性，又有行业的约束性，同时不失市场主体的灵活性。同时，探索出台《“丽水山耕”团体标准产品规范》《“丽水山耕”品牌建设实施方案（2016—2020年）》等，构建起一套比较科学、完善的“母子品牌”运行

模式，运用政府宣介推广品牌的独特优势，如举办“丽水生态精品农业博览会”等活动，不断提升“丽水山耕”品牌影响力，带动子品牌产品价格增值。

二是质量标准化。农产品质量安全是第一要务。丽水市在“丽水山耕”品牌管理机构设置、产品质量、农产品安全等方面全力构筑标准化管理模式，实行农业企业子品牌严格准入和农产品溯源监管制，倒逼解决供应链前端的质量安全问题。丽水市生态农业协会设立了“丽水山耕”精品农业品牌指导站，进行商标品牌指导、培育和维权等工作；制订“丽水山耕”产品标准，统一规范“丽水山耕”在生长环境、种（养）殖环节、加工过程、贮运操作、文化内涵、销售方式等六大方面的基本要求；在农产品安全标准化方面，成立丽水市蓝城农科检测技术有限公司，对“丽水山耕”产品实行实时抽检，实现检测准入、溯源追踪的农产品流通过程的透明化；变动态抽查为全程溯源，制定《“丽水山耕”生产经营主体认定管理办法》，成立浙江丽耕信息科技有限公司，依托“物联网＋农业”体系的顶层设计，以农产品质量安全追溯体系数据为支撑，实现品牌农产品从“田头到餐桌”的全程可追溯化和信息化闭环管理；推进“丽水山耕”GS1系统试点工作，引进全球统一标识系统（GS1系统）对接丽水市农产品质量安全追溯平台，建立数据自动采集与系统互联互通，实现基于GS1的追溯认证规范，对基地环境、生产过程、加工贮运等方面实行全程跟踪管理和动态认证。

三是内涵创意化。从乡土味十足的农产品，到精致大方的旅游商品，画龙点睛之笔在于文化创意的嫁接。具体承接这项开发工作的丽水市农发公司，聘请专业人员对旅游地商品制定分级、储运、加工、包装等规范和标准，再根据当地农耕文化、传统膳食文化，进行创意化的包装设计，使其既便于携带又充满时尚感。丽水各地传统农产品如土蜂蜜礼盒、蔬菜礼包、辣椒酱、蜡制品系列、食用菌系列等在披上了“旅游地商品”的时尚新包装后迅速颠覆传统形象，受到市场欢迎。如青田杨梅注重以旅游地商品特色研发设计，在创意文化包装后，7天销售10 000千克，产品平均溢价率50%以上，最贵的杨梅一颗卖5元。

四是渠道多元化。为推进生态精品农产品向旅游产品转变，将农特产品打造成旅游商品和旅游纪念品，让更多“山货”走出“山门”，丽水注重在销售渠道上实现多元化，通过自建平台、利用知名第三方平台、特色农产品O2O展销中心等开展线上、线下融合销售。丽水生态精品农产品网、山山商城、淘宝丽水特色馆……一批电商平台如雨后春笋般涌现，同时借助“渤商所”平台，实现庆元香菇、木耳，松阳香茶等8个产品上市交易，促进农业产业从传统市场向网络市场扩展，从零散销售走向集群交易，大幅提升了市场占有率和核心竞争力。除了电商平台外，八大城市230余家“丽水山耕”产品销售体验点基本建立。自2017年，“丽水山耕”旅游地商品体验中心——“九城山货”开园，加盟入驻的企业达到400多家，品牌达到500多个。此外，景宁馆、龙泉馆等线上线下串联互动的体验馆纷纷开园。O2O体验中心的建成、“丽水山耕”产品自助销售平台的推广，拓展了旅游商品销售渠道，补齐了旅游目的地商品短板，构建了“一站式”销售平台。

农产品变旅游商品，系统解决了“买什么”的问题。推进农业产业“精品化、品牌化、电商化、多元化”发展，将农产品打造成旅游商品和旅游纪念品，延长了产业链、提升了附加值、扩大了影响力。

八、农文旅融合经验梳理

丽水自确立“生态立市”的发展方针后，经过了几个发展阶段，在持之以恒的不断探索中，理念不断升华，适时推出绿色发展升级版，不仅实践硕果累累，由实践中总结出来的经验也愈加丰满，其发展思路的理论支撑渐成框架，使丽水的经验更加具备了可参考、可复制、可推广的价值。

乡村旅游的蓬勃发展和文旅的深入融合表明，以农业、旅游业和文化产业融合发展的助能模式能激发乡村经济的活力，促进产业转型升级，增强人们的幸福感、获得感，带动农村高质量可持续发展。要以科学规划为先导，严守生态红线，按照生态环保功能不同定位，坚持把生态理念融入空间布局、基础设施、产业发展、环境保护等各专项规划，强化差异化管理模式，建立生态环境的“新标杆”。推进绿色发展升级版，必须加强宏观指导，推进产业融合规划、空间优化规划和交通服务设施一体化规划。

一是农文旅融合要立足实际。乡村旅游要以绿水青山为底色，要明晰本地资源、风土文化、区位特点等自然资源禀赋，发掘独特价值。在此基础上，树立用户导向思维，紧依市场需求，创新开发特色项目、优质服务，在需求与供给的精准匹配中提升农文旅产业的自然流量，推进以村镇为支撑的多元增长极。培育构建新增长带和增长极是农旅融合的重要抓手，是产业融合发展的空间支撑；要坚持差异化发展思路，加强整体策划、规划、招商、推广、运营，打造特有品牌，规避同质化恶性竞争，形成各具特色的产业发展态势，按照区域内城乡实际与差异化特色，合理布局。同时，努力构建城乡一体化的资金、人才、技术和产权交易市场，构建一体化交通网，积极推进医疗、养老等社会保障服务一体化，构建生态环境规划、标准、检测、执法、评估和协调体系。

二是农文旅融合要以农为本。农业高质高效、乡村宜居宜业、农民富裕富足是农文旅融合发展的根本。各地要以高质量推进“三农”工作为目标，加大政策扶持力度，加强基础设施配套，营造良好营商环境，完善利益联结机制，推动科技下乡、鼓励资本回乡、引导人才返乡，让农文旅企业有甜头、农业提质有奔头、农村建设有搞头、农民增收有盼头。以“确权赋能”为核心，加快农村集体产权的体制机制创新，主要通过“四权六证”进行农村产权改革，真正实现还权于民，活权赋能，实现农村集体资产活化为资本，实现资源的合理配置。同时，通过农村宅基地确权登记，促进农村宅基地规范有序流转，推进了农村土地制度改革，促进了农民增收和农村发展。另外，按照“归属清晰、权能完整、管理科学、流转顺畅、运营高效”的要求，推进村经济合作社股份合作制改革，确保社员对集体资产产权长久化、定量化、股权化享有。这一系列改革举措受到农民的热烈欢迎，激发了农村活力，也为农旅融合发展奠定了重要的产权制度基础。

三是农文旅融合要整合文化资源，打造乡村旅游高地。将文化融入旅游开发之中，实现以文铸旅、以旅彰文实际上是一项非常大的工程，要建立相关的传统文化保护和传承的制度，如对古村落、古建筑、古民居、古遗址等进行必要的保护和修缮。明确综合体的各级客源市场及品牌形象，结合当地文化，主动融入当地特色。政府部门着力加强制定旅游综合体服务质量标准和安全监管标准，以提高综合体服务水平、经营能力和综合效益。建立专门机构对文化保护和旅游开发实施有效监督，建立良性的文化运转机制，对乡村旅游的开发具有重要的引导作用，如对民族风情、民俗习惯、非物质文化遗产、传统庙会等加以正确引导、利用、开发。同时减少传统文化保护和传承的障碍，促进传统文化的深度发掘，使乡村旅游与传统文化的结合更为紧密，从而创造出良好的经济、社会双重效益。

四是乡村旅游开发要注重乡村文化和资源特色，合理地利用村民闲置的农房、村集体闲置的资产及闲置用地等资源来发展乡村游产品，创新“1＋N”的品牌建设，形成主题化、多业态、成闭环的一站式发展。乡村旅游综合体可以说是乡村旅游转型升级的高级状态，与文化、旅游、农业相结合可以形成一个独立型、综合型的微度假目的地，不只满足了农村休闲、文化体验等微度假需求，还能成为一二三产业融合发展一体化的示范项目。推进以村镇为支撑的多元增长极。培育构建新增长带和增长极是农旅融合的重要抓手，是产业融合发展的空间支撑。通过制订农旅融合发展规划，发展一批生态多样化的特色旅游村镇，以此作为推进农旅融合的样板。各地从自身独特地理与人文景观，以及生态与文化多样性等特点出发，丰富村镇文化和多样性价值，通过合理规划，统筹推进古村古镇、旅游小镇、美丽乡村等建设，让城乡处处都是风景。在推进融合发展的过程中，各地注重依靠创新驱动特别是旅游商业模式与管理模式上的创新，以促进创新资源合理配置、开放共享、高效利用为主线，加快构建协同创新体系，探索优势密集地区集中优化开发的新模式。在村镇建设中，注意保留文明遗存、社会文化传统与地理风貌，从生态学角度论证与规划资源与环境可承载力，处理好发展、传承、可持续之间的关系。基于生态自然环境与历史景观相契合理念的旅游城镇建设，确保实现尊重环境而又能充分利用以及创造文化凝聚的目标。

五是创新金融服务为文旅产业赋能，“金融＋文旅”融合发展新路径。一方面，健全文化金融组织，建立专门服务文化产业的专营机构和文化金融专业服务团队；推动优质民营企业发起设立中小型文化银行、文化担保、文化租赁、文化基金等机构，为文化产业发展提供专业化金融服务。另一方面，应根据文化企业的不同类型和发展阶段打造针对性的特色产品与服务，同时加强与担保、保险、评级评估等机构合作，联动合力为文化企业提供集成性综合金融服务。除了创新信贷产品外，金融机构还可以提供一系列综合金融服务，助力当地文旅产业发展。可以提供风险管理服务，帮助文旅企业降低风险，提高经营稳定性。金融机构可以提供投资咨询和资本市场服务，帮助文旅企业融资和扩大规模。金融机构还可以提供支付结算、保险、财务管理等综合金融服务，满足文旅企业的各种需求。通过提供综合金融服务，金融机构可以更好地满足文旅产业的发展需求，促进当地文旅产业的繁荣。

六是大众旅游和全域旅游的技术实现方式必然是智慧旅游，即在旅游消费、规划设计、开发建设、生产经营、组织管理等各个方面各个层面各个环节广泛应用信息化技术手段，让旅游业全面融入互联网时代。在规划与建设中，发展智慧旅游项目、产品、企业、行业组织和智慧景区、智慧旅游城市、智慧旅游目的地以及智能酒店和客房、智能餐馆和餐桌、智能导游等，各地涌现了新媒体旅游推广营销、网上查询和预订销售、网络支付结算、网络旅游教育培训、旅游电子政务等许多新平台、新载体。

七是强化公共服务功能体系建设。夯实基础设施建设，提升公共服务、打造公共产品，实现主客共享。进一步完善乡村公共游憩地、乡村公共厕所、乡村旅游咨询系统、乡村综合环境等建设，支持乡村建设旅游停车场、慢行系统、乡村驿站、垃圾收集站、农副土特产品商店和旅游标识标牌。加快“零换乘”体系建设，积极实现旅游交通服务体系全覆盖，如高铁、机场及中转、自驾、租车服务体系等。加快信息化综合系统的建设，切实推进城乡一体化，进一步完善农村基础设施和公共服务，构建农旅一体的基础设施与公共服务支撑体系。

丽水的实践证明，千好万好，绿水青山最好；千难万难，坚持“绿水青山就是金山银山”，就什么都不难。综上所述，发展农文旅模式是为了实现以农促旅、以旅强农的目的，促成“农业＋文化＋旅游”的产业联动，激发乡村发展的经济活力，提升村民的文化自豪感和遗产传承使命感，真正助力乡村的产业振兴和文化振兴。

第五章 移动电子商务人才培养培训实例

丽水农村电子商务服务中心主要负责综合平台上的农村电子商务服务资源与辖区内电商企业、青年创业主体等业务需求进行对接，同时提供电子商务业务指导、培训、咨询等综合服务，协助政府有关部门进行行业管理工作。根据丽水市农村电子商务建设发展需要，制订丽水市农村电子商务主体所需要的多层级培训服务工作计划。

丽水农村电子商务服务中心高质高效并持续培育本地的电商运营主体和人才，第一，既需要有先进思想和丰富运营经验、平台渠道的服务商，也需要挖掘本地的主体（创业者、企业和商家），只有双方资源整合共同协作，才能为当地提供持续的电商发展智力保障和效果支撑；第二，电商培训必须是系统性的，结合普及型宣讲与实操实践，培训采取线上直播培训、线下面授和实操培训相结合等方式，针对政府公职人员、电商企业、电商创业者、返乡青年、服务站点经营者、网商等不同群体，开展针对性的电商理念、电子商务操作技能和创业技能、电商运营技能、网商创业技能等内容的培训；第三，培训工作按内容要求分级、分类、分层次、分阶段进行，电商培训要建立农村电子商务培训实践教育机制，对培训进行跟踪，跟踪学员就业、上岗情况，验收培训效果，完善教学内容，并提供后续实践引导和服务，确保培训实效；第四，电商培训要注重不同培训主体的客观实际，为农民要提供精准市场信息，根据市场需求的研判规划产业、做好种植，为没有销售产品的个体或初创企业要做好货源组织和一件代发等支撑性工作。

在实际的建设运营中，通过整合淘宝大学、天下网商学院、全球速卖通大学、中国国际电子商务中心培训学院等机构资源，建立一套包括电商培训、创业孵化、职业资格鉴定、人才认证等在内的电商人才培育孵化体系，开展新电商平台、社交电商、农村电商、服务业电商、传统企业转型升级、团队建设、领导干部培训等多个领域的电商培训。丽水农村电子商务服务中心作为全市农村电商建设的重要阵地，秉承的是“公益性为主，市场化为辅”的运营政策，服务中心也是丽水共青团组织服务青年电商创业创新的重要抓手，服务中心将在丽水团市委的指引下，每年定期筹备开展农村电商相关公益项目，助推全市农村电商的快速健康发展。根据丽水农村电子商务发展需求，每年开展不少于5次的农村电子商务免费公益活动，活动受益群体不少于500人。

随着互联网技术的不断发展，信息化技术手段已经逐渐深入到人们的日常工作和生活当中，并且越来越受到社会各界的广泛推广和使用，各个领域通过采用数据化手段来进行行业自身工作模式和运营模式的改革。因数据来源的复杂性，以及数据的分析和应用具有一定的实时性和无法估计等相关特点，建设第三方电子商务大数据分析平台对于电子商务建设的日常管理工作和决策将起到关键的作用。如今数据可视化的实现效果最频繁的应用就是数据大屏。数据大屏作为数字化转型的重要工具可以帮助用户从数据中抽取关键点，帮助用户优化业务，从而快速地识别出业务风险，是推动本地电商产业数字化转型的关键点。

丽水农村电商大数据中心，收集市内外农村电子商务发展政策与市场信息，积极开展丽水市农村电商案例与特征研究总结，与国内大型电子商务平台（企业）、数据服务平台（企业）对接，收集、整理、分析丽水市农村电子商务行业相关数据，为政府部门提供决策参考，为丽水市农村电商从业主体开展公益咨询与信息对接服务。搭建农村电商可视化数据平台，旨在收集展示丽水市农特产品电商销售情况、从业人数情况、产业发展情况、电商培训成果等内容，通过丰富的可视化图形，使管理者能清晰了解当前的农村电商发展状况；对接国内抖音、快手等大型电子商务平台（企业），数据服务平台（企业），通过技术手段挖掘和分析采集电商平台中海量数据，对其数据进行整理并以可视化图表的形式呈现，提供数据查询、统计分析、可视化图形展示、数据监管等功能，让大数据服务于丽水市电商发展的各种场景，让数据为决策、市场营销、生产服务提供有力的数字依据。

丽水农村电商数据研究中心，统计监管并分析农村电商主体、产品类目、销售情况等各类数据，配合相关行业部门开展电商行业数字贸易研究，为电商监管及政策制定提供数据依据。加强对网络服务诚信经营情况、网络交易及风险防范知识的宣传，引导公众正确使用互联网，增强对数字商务的信任度和风险防范意识，形成合力推动数字商务发展的浓厚氛围。

一、电商人才的培养培训目标及方案

一是构建电子商务双创培育孵化体系。依托丽水市农村电子商务服务中心构建开放、互联、众创、共享的电子商务创新创业孵化体系，为电子商务创新创业者提供良好的工作空间、网络空间、社交空间和资源共享空间，推动形成电子商务产业集群效应。

二是组织电子商务人才培训。支持电商服务企业、各类培训机构、协会等对基层党政干部、合作社社员、返乡农民工、农村创业青年及低收入农户等免费开展电子商务政策、理论、运营、操作等方面的普及培训，针对就业创业的技能培训和电商企业、个体网店进行长效的孵化培训。

三是加大高级电商管理人才、核心技术人才的引进力度，吸引更多的电商精英到丽水市创业、就业。编制人才引进实施细则，通过多方式、多手段地引进电子商务各层次人才，重点吸引丽水在外创业人员返乡，带动全市电子商务产业发展。

借助丽水市农村电商服务中心打造丽水电商培训创新创业孵化中心，提升优化本地电子商务培训体系，为电子商务相关人员提供培训服务，为电商创新创业者提供良好的工作空间、网络空间、社交空间和资源共享空间。

（一）农村电商人才普及培训

1. 培训实施目标

每年开展知识普及类培训服务不少于 20 期（线下授课 10 期、线上授课 10 期），每期培训累计时长不少于 8 个课时（1 天），培训普及总人数不少于 1 000 人次。培训内容包括（但不限于）抖音、淘宝、拼多多、视频号、微商、社群、直播等平台运营实操培训、美工、拍摄、客服等。培训对象包括（但不限于）企业负责人、电商从业者、创业者、服务站点人员、电商专业村干部、有从事电商意向的丽水户籍或在丽水就业创业人员。

2. 培训实施内容

培训实施内容见表 5 - 1。

表 5-1　培训实施内容

序号	培训项目名称	实施标准	培训人次	培训期数
1	农村致富带头人电商专题	线上不少于 8 个课时	50 人次	1 期
2	电商趋势解读专题	线上不少于 8 个课时	100 人次	2 期
3	平台运营专题（抖音、快手、淘宝、拼多多、视频号）	线上不少于 8 个课时	200 人次	4 期
4	美工专题	线下不少于 8 个课时	50 人次	1 期
5	客服专题	线上不少于 8 个课时	50 人次	1 期
6	流量专题	线下不少于 8 个课时	200 人次	4 期
7	拍照摄影专题	线下不少于 8 个课时	100 人次	2 期
8	农旅短视频账号打造专题	线下不少于 8 个课时	100 人次	2 期
9	农旅直播带货专题	线下不少于 8 个课时	100 人次	2 期
10	社群营销专题	线上不少于 8 个课时	50 人次	1 期
合计			1 000 人次	20 期

3. 分类课程大纲

普及培训 1 场不少于 8 个课时，分为上午 4 个课时，下午 4 个课时，以理论教学为主结合实操，使学员了解行业新趋势，开拓新思路。具体分类课程大纲见表 5-2。

表 5-2　分类课程大纲

农村致富带头人电商专题	互联网形势下品牌营销的机遇与挑战 新电商时代，如何营销破局
电商趋势解读专题	电商发展现状及趋势分析 区域电商创新案例模式分析
平台运营专题（抖音、快手、淘宝、拼多多、视频号）	平台运营的运营机制 平台入门的新手玩法
美工专题	平台美工设计布局技巧 图像处理软件的使用技巧
客服专题	电商客服根本素质 电商客服相关工作技巧
流量专题	新时期私域流量的机遇与精细化运营 “信任价值＋内容 IP”：打造私域流量池
拍照摄影专题	摄影画面有哪些构成要素 突出主题的方法

（续）

短视频账号打造专题	短视频平台定位及搭建 短视频内容的运营思维
直播带货专题	开启直播前“人”“货”“场”的准备 主播应该具备的素养及直播技巧
社群营销专题	用社群改造生意的方法技巧 如何用互联网思维升级商业模式

（二）农村电商人才初级培训

1. 培训实施目标

每年完成丽水市农村电商初级人才培训班 10 期，培训班下沉到各县（市、区）、由经济开发区举办，每期线下培训 3 天，每天不少于 8 课时，每期培训人数不少于 50 人，总培训人数不少于 500 人；培训需包括理论课程、实训课程；建立培训学员群，做好参训人员组织管理工作，确保培训顺利开展。培训内容结合丽水市实际状况的产业特点，围绕产业电商化营销模式展开，全面帮助丽水市有意从事电商行业的青年提升电商技能、构建运营思维、培养从业人员素养，下沉到各县（市、区）、经济开发区，分为 10 个班巡回举办。

2. 培训实施内容

培训实施内容见表 5－3。

表 5－3　培训实施内容

序号	培训项目名称	实施标准	培训人次	培训期数
1	丽水市农村电商人才初级培训——莲都站	线下不少于 24 个课时	50 人次	1 期
2	丽水市农村电商人才初级培训——开发区站	线下不少于 24 个课时	50 人次	1 期
3	丽水市农村电商人才初级培训——缙云站	线下不少于 24 个课时	50 人次	1 期
4	丽水市农村电商人才初级培训——景宁站	线下不少于 24 个课时	50 人次	1 期
5	丽水市农村电商人才初级培训——龙泉站	线下不少于 24 个课时	50 人次	1 期

（续）

序号	培训项目名称	实施标准	培训人次	培训期数
6	丽水市农村电商 人才初级培训营——青田站	线下不少于24个课时	50人次	1期
7	丽水市农村电商 人才初级培训——庆元站	线下不少于24个课时	50人次	1期
8	丽水市农村电商 人才初级培训——松阳站	线下不少于24个课时	50人次	1期
9	丽水市农村电商 人才初级培训营——遂昌站	线下不少于24个课时	50人次	1期
10	丽水市农村电商 人才初级培训——云和站	线下不少于24个课时	50人次	1期
合计			500人次	10期

3. 课程安排

初级培训1场不少于24个课时，以理论教学结合共创实操，使学员掌握行业入门方法与技巧，发挥互联网行业优势资源。课程安排见表5-4。

表5-4　课程安排

	第一天	第二天	第三天
上午	基础理论课	基础理论课	小组展示汇报
下午	实操教学小组共创	实操教学小组共创	复盘优化结业总结

备注：其中基础理论课（8课时）、实操教学课（8课时）、小组展示汇报课（4课时）、复盘优化+结业总结（4个课时），合计：24课时。

4. 分类课程大纲

课程内容可根据各县市培训需求调研后选择执行，分类课程大纲见表5-5。

表5-5　分类课程大纲

新媒体营销培训 （24课时）	新媒体运营的平台运营、用户定位 新媒体运营的内容定位 新媒体运营的应用
直播电商培训 （24课时）	直播电商变现——人、货、物 直播售前准备 直播实操模拟演练

（续）

同城电商培训 （24 课时）	同城团购达人号打造 同城探店拍摄技巧 同城探店实操演练
短视频电商培训 （24 课时）	短视频平台定位及搭建 优质短视频内容策划 短视频脚本共创、拍摄与剪辑实操
内容营销培训 （24 课时）	社群思维实质 如何通过产品特性创作能引爆传播的创意想法 团队共创模拟实操
抖音电商培训 （24 课时）	抖音平台规则玩法 抖音变现渠道解析 抖音账号运营思路共创
小红书电商培训 （24 课时）	小红书引流基础和定位 小红书笔记优化，打造爆款笔记 团队共创营销内容策划
快手电商培训 （24 课时）	快手基本玩法流程 快手上热门技巧分享 快手营销策划模拟实操
淘宝天猫培训 （24 课时）	如何获取免费流量，提高店铺转化率 轻松玩转淘宝直播 直播实操模拟演练
京东电商培训 （24 课时）	京东搜索权重模型解析 京东黄金流量标题打造与优化 爆款打造模拟演练

（三）农村电商人才中级培训

1. 培训实施目标

每年完成丽水市电商中级人才培训班 5 期，每期线下培训 5 天，每期培训人数不少于 30 人，总培训人数不少于 150 人。培训每天不少于 8 课时，线下培训需包括理论课程、实训课程、产业资源对接等环节，培训内容将围绕平台运营、流量解码、直播带货、视频定位展开，提升丽水市农村电商从业人员电商运营水平与内容创新能力，搭建包括主播、品牌商家、直播机构等全网平台资源交流圈，帮助企业转型、品牌及创业个体快速入圈，共享风口红利，建设行业发展风向标。

2. 课程安排

中级培训1场不少于40个课时，以“强理论＋重实操＋考核”，按照先理论学习、实操训练，后复盘点评、成果展示的顺序，循序渐进，效果明显。使学员掌握行业运营逻辑、能够独立操作。课程安排见表5-6。

表5-6　课程安排

	第一天	第二天	第三天	第四天	第五天
上午	精选理论课	精选理论课	精选理论课	理实一体	小组实操考核
下午	理实一体	实操课	精选理论课	模拟实操复盘点评	小组理论考核结业总结

备注：其中精选理论课（16课时）、理实一体（8课时）、实操课（12课时）、理论考核＋结业总结（4个课时），合计：40课时。

3. 培训实施内容

中级培训实施内容见表5-7。

表5-7　中级培训实施内容

序号	培训项目名称	实施标准	培训人次	培训期数
1	丽水市农村电商人才 中级培训——直播电商带货	线下不少于40个课时	60人次	2期
2	丽水市农村电商人才 中级培训——农旅行业账号和网红打造	线下不少于40个课时	60人次	2期
3	丽水市农村电商人才 中级培训——本地商家电商化转行	线下不少于40个课时	30人次	1期
	合计		150人次	5期

4. 分类课程大纲

分类课程大纲见表5-8。

表5-8　分类课程大纲

直播电商（40课时）	如何布局直播电商产业链直播变现模式解析 直播预热视频的类型及拍摄剪辑技巧 直播产品卖点梳理、直播营销活动策划 主播话术、镜头、动作实训 直播全流程实操、复盘点评

（续）

农旅行业账号和网红打造 （40 课时）	农旅账号的运营模式解析 农旅账号内容策划、案例解析 农旅直播模式及场景打造 农旅直播间话术拆解 实景拍摄，模拟直播实操
本地商家电商化转行 （40 课时）	直播流量拆解和话术对应分析 直播间玩法介绍（福袋/超级福袋/主播券） 预告/直播切片短视频脚本撰写 直播结束后复盘脚本优化 小组直播实战考核

（四）农村电商人才高级培训

1. 培训实施目标

每年完成丽水市农村电商人才高级培训班 2 期，每期 5 天，每期培训人数不少于 30 人，总培训人数不少于 60 人。培训结合省内高校资源，培训形式包括理论培训、实操教学、团队共创，游学模式、培训内容将围绕新电商流量解码、直播带货、内容优化、拓展商业模式、资源对接等展开，帮助丽水市农村电商从业人员提升电商从业水平、拓宽销售渠道，增强学习电商业务的经验措施，开拓思维，共同为打造“丽水山播”储备优质人才力量，为传统电商转型提供一站式平台电商服务，实现“人”“货”“场”的全面升级。

2. 培训实施计划

培训实施计划见表 5－9。

表 5－9　培训实施计划

序号	培训项目名称	实施标准	培训人次	培训期数
1	丽水市农村电商人才 高级培训——直播电商共创研修班	线下不少于 40 个课时	30 人次	1 期
2	丽水市农村电商人才 高级培训——直播电商游学班	线下不少于 40 个课时	30 人次	1 期
	合计		60 人次	2 期

（五）直播电商共创高级研修班

1. 培训针对人群

农创客、退伍军人、待业青年、返乡创业青年、大学生等农村电商从业人员。

2. 培训流程

培训流程具体见图 5－1。

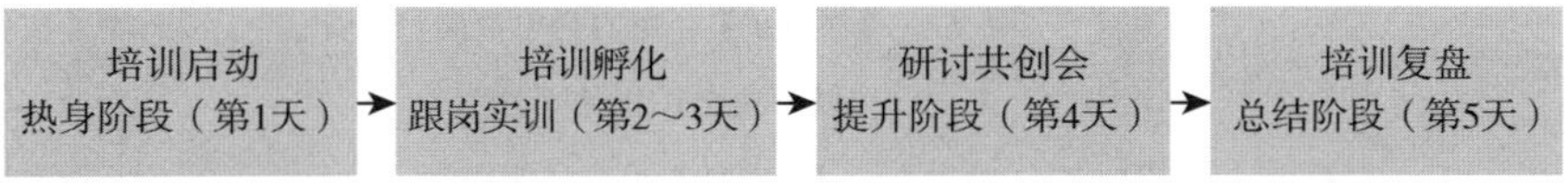

图 5－1　培训流程

3. 课程设计亮点

为切实提升丽水市各县（市、区）直播电商从业人员直播营销能力及实操能力，进一步深化课程内容与产业链接程度，本次研修班，丽水市对课题内容进行了精心设计，并组织学员进浙江财经大学研学，安排专业教授导师授课，课程覆盖电商的政策解读、未来趋势和平台的运营、高质量产品发布、产品营销、商务数据分析等，在教学过程中增加了跟岗实训，让学员在平台实操能力、电商化销售等方面的能力得到极大提升。运营导师将以“师徒结对”的形式，设置不同的任务，将企业真实项目和操作平台带入培训项目之中，让学员真正掌握实操技能。

4. 课程安排

不少于 40 个课时，以“理论教学＋跟岗实训＋共创会”的形式开展，按照先理论学习、上岗实操、发现问题、解决问题、成果展示的顺序，使学员从企业跟岗实训中提升短视频拍摄与制作、新媒体运营、网店运营与推广、直播带货营销等岗位的实践能力。

课程安排见表 5－10、表 5－11。

表 5－10　课程安排（1）

	第一天	第二天	第三天	第四天	第五天
上午	团建破冰理论教学	跟岗实训	跟岗实训	成果展示	共创研讨会
下午	理论教学	跟岗实训	跟岗实训	成果展示	复盘总结结业典礼

备注：其中理论课（8 课时）、跟岗实训（16 课时）、成果展示（8 课时）、共创研讨会（4 课时）、复盘总结＋结业典礼（4 个课时），合计：40 课时。

表 5-11 课程安排（2）

周次	日期	课程	备注
第 1 天	第 1-2 课时	破冰团建、布置培训任务	
	第 3-4 课时	【了解电商】直播电商概述与认知	理论课
	第 5-6 课时	【熟悉流程】直播电商的筹划与准备	理论课
	第 7-8 课时	【掌握要领】直播电商的策略与运作	理论+实操
第 2 天	第 9-10 课时	【看模式】了解电商企业运作	企业实训
	第 11-12 课时	【懂分工】了解直播电商岗位职责	企业实训
	第 13-14 课时	【学技能】分岗位实践（一）	企业实训
	第 15-16 课时	【学技能】分岗位实践（二）	企业实训
第 3 天	第 17-18 课时	【学技能】分岗位实践（三）	企业实训
	第 19-20 课时	【学技能】分岗位实践（四）	企业实训
	第 21-22 课时	【学技能】分岗位实践（五）	企业实训
	第 23-24 课时	【学技能】分岗位实践（六）	企业实训
第 4 天	第 25-26 课时	【展成果】分组直播 PK	理实一体
	第 27-28 课时	【展成果】分组直播 PK	理实一体
	第 29-30 课时	【展成果】分组直播 PK	理实一体
	第 31-32 课时	【展成果】分组直播 PK	理实一体
第 5 天	第 33-34 课时	【再提升】直播电商共创研讨会（一）	共创会
	第 35-36 课时	【再提升】直播电商共创研讨会（二）	共创会
	第 37-38 课时	复盘总结	
	第 39-40 课时	结业典礼	

注：培训结束后 2 个星期内，学员提交跟岗实训报告。

二、青春“主播之家”建设

随着互联网的普及和农村基础设施的逐步完善，加上抖音、快手和拼多多等技术资源赋能，我国农村电子商务发展迅猛，交易量持续保持高速增长，已成为农村转变经济发展方式、优化产业结构、促进商贸物流、带动创新就业、增加农民收入的重要动力。但总体上看，中西部地区农村电子商务发展仍存在基础设施建设滞后、缺乏统筹引导、高层次电商人才稀缺、市场化程度低、缺少标准化产品等，严重影响了农村人口通过电子商务就业创业和实现共富的步伐。电商行业格局正进入供大于求的买方市场，同时消费者的观念也在发生转变，特别是农村电商领域的消费者，更加注重绿色农产品和背后的乡村价值内涵。这使得农村电商发展要聚拢消费者的注意力，就要传达有地域特色的农产品价值，以品牌化带动农产品产业化。丽水市委市政府十分注重农村电商青年人才的培养和发展，搭建农村电商服务中心，推出覆盖普及初、中、高级的系统化电商人才培育体系，带动当地“三农”、美食、文旅类青年创作者人数快速增长，市政府还出台了专项政策扶持青年发展新型电商业态，将青年电商人才纳入全市高层次人才目录，引领有志青年投身农村电商创业大潮。

近年来，为更好地推进丽水农村电商发展，丽水市委、市政府出台各项电商扶持政策 20 多个，同时，商务、农业农村局、人社局、市场监督管理局等相关职能部门也同时出台了扶持传统企业电商化、农村青年电商创业就业的相关优惠政策，为丽水电商发展起到了积极的推进作用。但各项扶持政策、技能培训资源等分散在各个部门，存在受众群体知晓率不高，申请政策条款较为复杂等情况，导致部分电商从业主体因为对政策知晓不及时，申请步骤条款不清晰等原因，错失扶持政策申请机会。

由共青团丽水市委、丽水市商务局、丽水市数字经济发展有限公司牵头，为丽水直播电商企业及个人提供全方位服务，集结优秀的直播经纪公司，整合资源，提供专业的艺人招聘，为各类商家提供网络红人，主播商业活动等，助力丽水直播电商产业实现跨越式发展。

当前，丽水正加快推进革命老区共同富裕先行示范区的建设，作为全国农村电商的发源地和先行区，在短视频直播电商的浪潮下，我们要立足山区特色、发挥山水优势、凝聚青年力量，通过打造“丽水山播”农村电商工作品牌，让电商青年播好山好水、卖好景好货，激活农村电商发展的人才价值、品牌价值、产业价值、生态价值和社会价值，真正让绿水青山成为金山银山。充分发挥共青团组织联系青年紧密的优势，通过组织开展丽水“山播”创业大赛等活动，以赛代训，加强农村电商青年的培养和挖掘，为更多的电商人才和电商企业提供一个展示自我的平台，为丽水新媒体电商发展提供源源不断的高层次人才支撑，建立一个共青团服务青年电商创业的长期品牌。

丽水市数字经济双创园目前为丽水市域范围内唯一设立的“直播电商产业园”，全国第十三家、浙江省第三家“快手直播基地”。2021—2022 年荣获“省级直播电商基地”“省级电子商务示范基地”“省级电子商务实践基地”等荣誉称号。园区致力于通过整合第三方互联网平台、供应链金融、供应链平台、区块链、直播基地、MCN 机构、达人主播等资源，1 年内打造成省域农旅直播核心基地；3 年内打造成省级生态产业互联网创新综合体；5 年内打造成东部山区生态产业互联网中心。服务中心将通过相关网站和政府渠道，定期收集、整理、研究国家部委、省、市相关电商发展政策和法规，定期对本地电商企业整理发布；依托丽水市农村电子商务工作机制，定期联络全市农村电子商务相关责任单位，将原有的分散在商务局、农业农村局、人社局、市场监督管理局等有关部门的政策进行整合梳理，汇总市、县各单位在资金补助、税收、房租、人才、产业等各方面的优惠扶持政策、培训信息、大赛活动等内容，通过公告栏、短视频账号、微信公众号、微博、文件、会议等形式，定期进行重点政策信息宣传解读。通过更清晰明了的方式，宣传各项政策申报条件及流程整理等内容，让各类扶持政策宣传面更广，受益群体知晓更充分，帮助全市电商从业主体更好地开展电商创业创新。

目前园区已招引近 60 家企业，在园人数 500 余人。成功招引“吾饭”“天之文三胞胎”“罐头瓶子在荷兰”“曼妮”等流量主播，目前园区 10 万粉丝级主播 29 人，百万粉丝级主播 9 人，超 500 万粉丝级主播 3 人，2021 年园区企业总营收 50 460 万元。

丽水市数字经济双创园积极做好促进丽水农村电商发展的资源整合，从产业资源与社会资源进行摸排整合，筛选出好的产品产业，组织协调国内大型电子商务平台（企业）、高校、研究机构以及各级政府职能部门，社会协会组织，产业基地（企业），物流等主体与电商从业主体开展对接活动，协助企业寻找经销（分销）商，积极对接本地高校及省内高校，电商协会等行业资源，为丽水农村电商建设提供高层次的智力及相关研究成果支持，邀请国内大型电子商务平台（企业）、高校、研究机构以及各级政府职能部门、社会协会组织进行资源对接、研究成果发布。在产业资源上，不仅仅整合摸排农产品资源，还包含特色手工艺品、旅游商品、旅游资源以及当地的优势工业产业，都要作为摸底和整合的对象。产品资源的整理需要明确摸底的对象，包含农户、农产品企业、合作社、旅游相关机构、工业企业等。推动农业龙头企业、农民合作社、种养加专业大户、家庭农场、旅游企业等主体进行优势资源市场化整合，引导企业向薄弱、缺失环节投资，推动农村一二三产业融合发展。每年举办（农旅、新媒体等主题）大型资源对接活动两场以上。

丽水市数字经济双创园策划有利于促进丽水市电子商务工作品牌、产业提升、氛围营造的公共服务项目进行。重点项目策划一直以来都是市级农村电商服务中心的重要工作。农村电商重点项目的实施对于全市农村电商工作都有重要的引领和示范作用，在丽水市农村电商建设过程中，策划形成了如“丽水市青年电商创业创新周，丽水市青年电商技能大赛”等一批持续性青年电商工作品牌，在助力丽水青年电商创业发面发挥了重要作用。

双创园借助抖音平台与市政府战略合作的资源优势，作为快手官方丽水直播基地运营商等合作优势，围绕全市农村电商建设相关工作部署和目标要求，以农村新媒体电商为重点方向，争取做足项目策划，做大项目传播，做深项目影响，做好项目口碑。结合策划实施农旅、新媒体电商等主题峰会论坛、技能大赛、资源对接会、高级研修班等项目活动，定期开展“青春集市”等线下展示推广活动，为初创型电商主体提供展示交流、营销推广的线下平台。依托服务中心园区资源，定期开展沙龙活动，为青创人员建立培训提升、合作交流的阵地，定期组织开展各类电商文化活动，为创业人员、电商企业和人才之间搭建交流平台。以点带面，更好引领全市农村电商产业市场的发展，提升丽水青年电商创业综合实践技能。以新媒体电商发展为契机，探索丽水共富山区样板模式打造的新路径、新方法，始终保持丽水农村电商建设在全国的引领之势（表 5 - 12）。

表 5 - 12　青春“主播之家”文化墙建设内容

类目	内容	规格/数量	
文化墙布置	主播 3D 头像墙（可替换）	30 幅（40 * 60）	
	主播之家企业宣传墙	6 米×3 米×2 米	
	大数据液晶可视墙	P1	
活动	分享沙龙会、资源对接会	每月一场，12 场次	企业入驻权益：“主播之家”专属营销活动，企业间定向资源对接；线上线下，多样化直播电商沙龙分享会，游学会，助力商家成长；平台最新政策活动优先发布

三、夯实“乡村守护人”计划

移动互联网时代，直播和短视频重塑了许多人的生活，“互联网＋助农”已成为活跃在当下的新型乡村振兴模式。2021年，丽水市与北京字节跳动公司成立了全国首个“字节乡村孵化中心”，共同实施“丽水·字节乡村计划”，在全国率先联合发起“乡村守护人”计划。“乡村守护人”项目，聚焦乡村人才方向，长期扶持和发掘优质乡村创作者，激励其围绕乡村风貌、美食特产、特色民俗、生产劳作等方向进行内容创作，并通过抖音电商、抖音生活服务等业务提供流量支持，助力乡村发展。

自“乡村守护人”计划启动以来，丽水政府和抖音乡村合作发起了“宝藏乡村过大年活动”“家乡年味在丽水”“丽水宝藏古村”“万粉达人免费游丽水”等系列活动，累计为丽水乡村特色产业带来超171.5亿次传播量，超过400个丽水市的村落在抖音上被推广，50个传统村落在宝藏古村小程序和坐标呈现功能上实现了数字化展现。

截至2022年7月，丽水“乡村守护人”项目已带动102名丽水本地创作者参与项目投稿，重点扶持了27名典型创作者，帮助重点扶持守护人粉丝增长超过2 104万，累计粉丝量超过4 835万，带动丽水当地“三农”、美食、文旅方向的乡村类创作者数量增长超过63.6%。其中，该计划培养出的@Rose、@石村小月等创作者已成为抖音“三农”领域的知名创作者。过去一年丽水的“乡村守护人”交出了亮眼的成绩单，丽水当地乡村相关美景好物在抖音传播了171.5亿次，带动农产品销售超过200万单。丽水为全国“乡村守护人”计划实施探索了路径、打造了样板。抖音平台还将投入超百亿流量资源，通过电商、文旅相关项目推动乡村产业发展，并以课程培训等方式扶持更多“乡村守护人”。丽水作为“乡村守护人”项目的发源地，应充分发挥丽水市政府与北京字节跳动公司的合作优势，进一步夯实“全国乡村守护人”这块新型乡村振兴品牌项目，在平台资源扶持方面：整合平台资源助力，形成站内奖励机制，透过运营技能的扶持政策，帮助丽水“乡村守护人”创作者提升内容制作与运营能力；在人才培训方面：建立专项培训体系，针对有意基于乡村进行创作并帮助乡村产业发展的创作者，整合内外部讲师资源，提供专项课程培训，通过培训、大赛、沙龙、创业指导等公共服务，持续挖掘培育一批“乡村守护人”，扮演助力乡村振兴的重要角色，充分发挥新媒体平台信息流动和匹配的能力，探索以数字技术解决信息不对称问题的可行之路，来实现丽水经济价值和生态价值的有效转化，把绿水青山转化成生态价值。

四、“山货上头条”区域特色馆

“山货上头条”由字节跳动公益和抖音电商共同支持，是字节乡村计划的重点项目，旨在发挥平台内容和技术优势，聚焦乡村“人”“货”“场”，打造特色农产品品牌，帮助地方农特产业升级，带动更多农民增收致富，助推乡村经济发展。丽水作为浙西南山区城市，好山货走不出大山，好农品卖不上好价格，一直是困扰着丽水农业发展的难题。“山货上头条”借助兴趣电商平台，以数字科技打破地域限制，通过平台技术及优质的内容输出，连接起需要“被看见”的农特产与对优质山货感兴趣有需求的用户，让宝藏山货透过小小的手机屏幕被更多人看到，“人找货”与“货找人”互为补充，进一步打通了山货销售渠道。依托抖音平台资源，搭建“山货上头条”区域特色馆，建立丽水农特产品的聚集性营销平台，依托政府背书和平台流量优势，帮助当地商家打通生产销售服务的全链路，从促进产销对接，到协助品控、售后、生鲜溯源、物流运输等多个环节，协助山货商家从不同维度为用户提供良好购买体验，持续提升购买率、复购率，为区域农货产业带来了持久热度。

五、深化公众号运营建设

在逐渐成熟的移动互联网时代，人们的交流方式不断发生着变化，微信这个拥有6亿用户的手机软件影响力正在迅速提升，深刻改变着人们的生活，成了目前最受大众欢迎的移动互联网交流平台之一。企业、电商、个性网站和名人纷纷建设微信公众号，构建属于自己的交流互动平台、品牌推广平台、产品营销平台和客户服务平台。

微信公众号平台的一大特点是在手机订阅账号，用户在使用过程中仅需通过自主“关注”“订阅”，信息就可直达用户的手机，更适合“一对一”地精准传递消息。由于微信可发送语音、文字、表情、图片、视频等各种信息，表现形式活泼多样，为人们的表达提供了多种方式。

常态化运营丽水市农村电子商务服务中心公众号，突出共青团和青年元素，通过公众号做好市内外电子商务发展政策与市场信息的发布，定期宣传总结丽水市农村电商发展历程、经验做法、创业故事，政策宣导等内容，积极开展丽水电商案例与特征研究总结，为政府部门提供决策参考，为电商从业主体开展公益咨询与信息对接；对开展电商创业的返乡青年、农创客创业故事，新型农业经营主体和农村商业模式等进行总结推广，为政府选树电商创业典型案例，并将当地电子商务氛围营造、平台建设与当地农特产品宣传、休闲旅游产品推介有机结合，引导与扶持应届毕业生借助新媒体电商手段积极自主创业。持续扩大区域电子商务影响规模，提高丽水农村电子商务建设氛围。内容设计如下：

信息查询：将电商政策、市场信息、服务企业信息能进行分区块查询。

丽水山耕：结合丽水山耕线上平台，让用户在微信中便可享受到随时随地下单、购买、实时配送等服务。

关于中心：服务中心形象宣传窗口，用户通过绑定微信公众号，可及时关注企业的四大服务：企业简介、企业动态、热卖推荐、服务热线。

中心介绍：文字结合的形式，全方位展示和介绍丽水市农村电商服务中心的文化、荣誉、精神内涵、形象等内容，让用户对其有更直观的认识。

中心动态：充分利用微信自媒体平台的属性，通过图片、文字和视频等形式，用新闻报道的方式，对推动丽水农村电子商务服务中心发展进程的重要事件进行记录和报道，宣传正面消息，提升形象和影响力。

丽水山播：通过图片加文字的形式，展示丽水山播合作主播所在地域、带货品类、粉丝量、合作方式等信息，为更多的优秀主播提供一个展示自我的平台，持续打造“丽水山播”电商品牌。

服务热线：通过对服务热线的实施情况进行详细分析，总结出服务热线的重要应用价值，目的在于促进服务中心服务管理的进一步完善，及时、有效地帮助用户解决问题。

其他：利用微信平台，服务中心还可以开展一些框架之外的活动，如推广需要推送的信息以及第三方合作机构相关合作信息推送等。

版面设计：对微信公众号进行设计，将服务中心官方微信打造成专业、简洁的移动互联平台，提升形象。

编辑基本信息：编辑微信功能介绍、自动回复等基本信息。

内容更新：对信息查询、行业资讯等静态展示栏目内容保持定期更新。

内容推送：合理利用内容推送机会，向微信粉丝推送服务中心即时传播新闻内容。

互动管理：每天登录，关注粉丝互动情况，对粉丝反映的问题及时回复并跟进，定期举办活动、引导话题、增强互动。

数据监控：对后台数据进行定期分析，包括粉丝活跃时间及原因、粉丝增长数量及原因、相关话题浏览量分析、粉丝反馈问题关键词筛选等。

内部推广：通过 OA 平台和企业邮箱发送二维码，要求公司内部员工关注，邀请他们关注、监督并参与到微信建设中来。

社群推广：对接匹配的社群用户，邀请用户关注微信，享受微信带来的资讯和服务。

开通广告主：开通广告主，首先可以拥有海量的用户，覆盖超过 6 亿活跃用户，每天超 20 次图文消息阅览而且投放微信广告方会深度挖掘微信用户兴趣，精准定制投放用户。投放朋友圈广告，能够获得潜在优质粉丝，助力商业活动，快速增加活动的曝光量，提升潜在目标用户的参与度。且开通了广告主，还有发放微信卡券这个推广方式，便捷高效地发放卡券，拉动用户线上线下的活动参与度。

微博：一个泛流量平台，流量种类繁多，且微博的广泛辐射群体和即时性为营销带来极大的便利，同时可针对微信公众号或企业的定位来引流，是注重转发圈好友的传播平台。

微信大号：采用抱团合作方式，对于大多数初创期的微信公众号来说，口碑很重要，通过大号引流传播，让有影响力的人士帮你说一句话，帮你传播，最终的效果抵过你自己说一万句。同时还能与大号进行联合推广的方案（比如一起做一场大型的线上活动等），互帮互助互取暖，达到多方共赢。

抖音：当下最具人气的短视频平台，聚集了大量高质量的年轻人，是精准的流量池。相比传统单纯的图文和视频，抖音短视频是对用户从文案、视觉再到声音、动态的多重刺激，它更容易刺激到用户的视听感官，引发用户的情绪，在这个碎片化的时代，抖音上的内容除能满足心理需求之外，同时能够唤起参与驱动分享的动力。

六、积极开展电商模式输出

总结丽水市农村电子商务发展经验，积极开展电商服务输出，将丽水电商经验模式在全国宣传推广。梦马电商核心团队成员曾运营过的电商公共服务中心包括甘肃省西和县电子商务公共服务中心、吉林省梅河口市电子商务公共服务中心、云南省德钦县电子商务公共服务中心、浙江省永康市电子商务公共服务中心、云南省金平县电子商务公共服务中心，运营过的电商产业园包括西和县双创园、梅河口电商产业园、德钦县电商产业园、永康市电子商务产业园（金溢大厦）、银川贺兰宁浙电商创业园，为助推农村电商丽水模式走向全国做出了积极贡献。下一步，梦马电商将继续加强对电商服务的输出，不断总结提炼丽水农村电商发展的模式经验，为对口地区、电商发展落后地区提供全方位的服务落地，提升丽水农村电商在全国的知名度和美誉度。

根据市场需求，梦马电商在公共服务的基础上，根据市场主体需求，整合自身及政府、专业机构、行业服务商等渠道资源，进一步梳理开展市场化的运营服务项目，创新发展电商要素市场，引领丽水农村电商服务业的发展。

（一）扎根藏区，电商助力脱贫

2018 年，梦马电商团队承接了云南省德钦县国家级电子商务进农村综合示范整包项目，一是建设了德钦县电子商务公共服务体系，打造线上服务平台，具备电子商务资讯、数据采集统计分析、服务内容展示、电子商务（远程）培训和本地电子商务企业展示等功能的线上服务平台系统，及时发布政策、新闻资讯，全方位展示、解读国家及省、市、县农村电子商务支持政策；二是建设农村电子商务服务站体系，完成 7 个乡镇服务站、35 个村级服务点（乡政府所在村与乡镇站点合并建设）建设，并提供代买、代卖、代收、代缴服务，额外增加赶街 App，重点使用村货上报功能；三是持续举办电商普及培训 25 期，其中电商大课堂（引导式培训）2 期、电商创业基础培训 12 期，电商基础普及培训 11 期，总计完成电子商务培训 2 053 人次；四是打造德钦县区域公共品牌名称“梅里雪山物产”，完成德钦县 8 个乡镇合作社企业对接、产品信息采集，有 43 款产品列入 O2O 展厅产品名录，重新包装产品 10 款；建设开通三个线上销售平台店铺（拼多多、淘宝、京东），完成 5 家企业 12 款产品 23 个 SKU 上线，其中包含跟低收入农户对接的核桃、冬虫夏草、新鲜松茸产品；截至 2018 年 7 月线上销售额 51.61 万元，实现了德钦县电子商务零售额逾 50 倍的增长，其中与阿里巴巴淘乡甜一场活动就实现了近 300 万的销售额；已完成一个溯源平台搭建并运用，4 家企业 4 个品类 28 个 SKU 完成溯源体系建设；完成两次（海南、义乌）对外推广活动；联合阿里巴巴蚂蚁森林建立德钦公益保护地。在商务部委托云南省商务厅组织的绩效评价中被评为良好，获得了有关领导的高度评价。

（二）对口合作，梅丽共绘电商蓝图

2018 年 7 月，梦马电商积极响应国家深化“对口合作”的号召，与梅河口市正式达成电子商务产业建设合作，秉承相互借鉴、优势互补、互利共赢、共谋发展对口合作原则，发挥丽水市电子商务产业基础优势，结合梅河口东北土特产种类丰富、品质优越优势，迅速达成共识、开展合作。现将梅丽双方合作推进梅河口电商工作情况汇报如下：

1. 突出顶层设计，合力打造电商发展政策环境

目前由浙江梦马公司运营梅河口市电子商务公共服务中心，为双方共同促进电商工作提供了组织保障。梅河口市委、市政府借鉴丽水扶持电商发展的政策，先后出台了《推进电子商务发展实施方案》《电子商务产业奖励办法（试行）》《电子商务产业园区招商政策》《电子商务公共服务中心大学生工作人员待遇》等一系列文件，营造了全市良好的电商发展政策环境。市财政每年列支 500 万元专项用于农村电商产业发展。对初始创业年销售额达到 20 万元以上的，根据不同额度，分别给予资金奖励，最高达到 2 万元；对获得国家级、省级荣誉的给予 5 万～20 万元的一次性奖励，为电商企业创业发展提供资金和服务保障。

2. 突出优势互补，合力建设一站式孵化电商园区

按照梅河口市产业发展布局，在工业新城规划建设了电商大厦，总面积 16 849 平方米。为了充分发挥电商大厦的作用，由浙江梦马公司专业团队对园区的功能布局进行了规划设计。目前，园区已形成了初创孵化区、加速孵化区、公共服务区、配套服务区、仓储物流区“五位一体”的功能布局，并建成了电子商务公共服务中心、特色农产品大数据中心、O2O 展销体验中心、大学生电商创业孵化中心“四大公共服务中心”，形成了“一站式互联网＋电商孵化”产业平台。为入驻企业提供房租补贴、人才服务、税收减免、贴息贷款、免费培训、技术指导等八大扶持政策。自 2019 年 5 月份开园以来，截至 2019 年 11 月 30 日，园区举办入园路演共 4 期，园区累计入驻 51 家，其中入驻企业 37 家，创业团队 14 个，园区企业累计营业额达到 6 000 多万元。双创大厦目前整体装修已基本结束，设有 O2O 跨境体验馆、“梅河臻品”梦工厂及“梅河臻品”运营中心办公区域。

3. 突出创新创业，合力培育孵化电商人才

为了解决梅河口市电商人才短缺问题，借助丽水资源优势，建立健全了

“理论学习＋开店实操”的“实战型”电商人才培训、孵化机制。一是招募专业大学生。大学生电子商务创业实践者培育采用“政府＋第三方运营＋企业”方式，由政府出资、浙江梦马培育、第三方电商企业实习，为招募大学生提供理论培训、电商实操、企业实习等系统性、实战性培育。梅河口市为招募的大学生每人每月提供3 000元的创业基金，并给予一系列的政策扶持，搭建梅河电商创业孵化平台。目前，完成招募电子商务创业实践大学生工作者3批、124人。三批到企事业单位工作10人、个人创业10人。二是开展系列培训活动。截至目前，浙江梦马公司先后邀请10余位专业讲师举办“跨境电商培训”“互联网思维”“农产品网创专题”“淘系中小卖家必修课—店铺运营基本实操解析”等培训25期，培训3 000余人次。举办“微盟致胜小程序”“决战双十一・资本市场发展促进调研”“智慧新营销，创新社交电商”等电商沙龙14期。三是开展电商创业活动。为了营造全市创新创业氛围，浙江梦马公司特邀拼多多平台、1688平台，举办电商资源对接会2场，参会人员达400余人。策划举办了梅河口市2019首届创新创业大赛，聘请专业评审老师对大赛进行培训、指导、评审，有51家参赛，市政府对获奖企业和团队给予奖励，并推荐6名企业参加省级创新创业大赛。

4. 突出资源对接，合力打造区域公共品牌

为了推动农产品品牌升级，借鉴“丽水山耕”的建设运营模式，围绕公共品牌定位、品牌包装、品牌管理、品牌宣传、渠道拓展等，梅丽双方合作推进梅河区域公共品牌。浙江梦马公司在前期调研基础上，先后设计了多个品牌方案，现已确定梅河区域公共品牌名称“梅河臻品”，并完成了商标注册、品牌LOGO、宣传用语、卡通图像、30款产品包装设计等。目前，正在研究品牌运营方案。线上渠道搭建，在淘宝、拼多多平台开设线上商城，上架10余款产品。积极参与线下展销会。2019年12月13日第四届吉林雪博会暨第二十三届长春冰雪节开幕式系列活动全面启动。整合梅河口市本地产品资源和供应商资源，共完成企业信息收集67家，实地走访13家，深入了解本地农产品情况。并于2019年12月在丽水开设了“梅河大米丽水O2O体验店”，成为其指定供应商，提供包含梅河臻品在内的梅河口市特色产品98款。

5. 突出乡村振兴，合力构建农村电商服务体系

为了建立健全丽水市乡村电子商务服务体系，已在19个乡镇完成建设电商服务中心，在产业条件、物流快递条件、人才、地理位置等多维度择优打造91个农村电商服务站点。为此，浙江梦马公司针对不同区域、不同站点、不同能力，制定了差异化的建设实施方案，精准施策、精准帮扶、精准赋能。目前，已完成了镇、村级服务站的产品整合、建设选址和人员配备等建设工作。下一步梅丽双方将共同推进乡镇服务体系的运营工作，包括电商服务、乡村电商培训、乡村物流、整合当地农特产品资源等。

微信线上商城小程序“臻成优选”已经正式上线，利用建立的梅河口市三级电商服务体系，打通农产品从田间地头到城市消费者的链条，构建供应、销售、发货、展示、商圈及同城配送功能，市内配送到家，以线上“购物平台＋社区社群营销＋直配”等形式组成。前端为中小型农户解决良心种植养殖的优质村货，后端为城市用户提供健康放心食材的平台，并定位坚持为农民卖真货、坚持为中小农户服务。通过乡镇服务中心大学生工作者一个月的下乡调研，已上架 100 余款农特产品，供全市消费者购买。

（三）强强联手，打造数字贸易新高地

除梅河口市电商服务项目外，梦马电商于 2019 年 6 月获得了浙江省永康市电子商务公共服务中心的运营资质。永康市电子商务公共服务体系建设本着“智慧化、一体化、系统化、功能化、规范化”的整体思路，坚持政府推动和市场化运作有机结合、公共服务和特色服务精准有效、资源整合和提升品牌同步推进，高标准、高起点为丽水市广大生产企业和商贸企业提供服务对接的平台，致力于构建人才培育普及应用的教育培训体系建设、电商换市思维武装的产品培育体系建设、普及应用服务农村的三级服务体系建设、服务“三农”激活市场的农村金融体系建设、数据收集科学规划的区域数据体系建设，真正实现市、镇（街、区）、村三级联动，实现一个中心、多点服务的全域化服务格局。

在永康电商服务项目中，梦马电商围绕永康五金产业基础和资源禀赋，顺应当前数字化转型需求及电子商务升级版发展趋势，以浙江省打造新型贸易中心及永康创建浙江省产业集群跨境电商示范市为契机，构建“产业引领、要素健全”的电子商务发展布局，建设“一中心、两园区、两基地”，助力永康成为国内领先的五金产业及数字贸易新高地。

此外，梦马电商团队于 2019 年 4 月承接了甘肃省西和县国家级电子商务进农村综合示范项目（分包）；2019 年 5 月承接了云南省楚雄州国家级电子商务进农村综合示范州级统筹项目——楚雄州高原特色农业农产品大数据平台项目；2019 年 12 月承接了贺兰宁浙电商创业园运营项目；2020 年 5 月承接了金

平县电子商务进农村综合示范项目。

丽水作为全国农村电商发展的先行区域，先后举办了三届中国淘宝村高峰论坛，六届中国农村电子商务大会（中国农村电子商务大会永久举办地），国内首个“字节乡村孵化中心”在丽水挂牌成立，首届抖音乡村守护人大会在丽水举办，是全国农村电商信息发布和前沿活动举办的高地，历年来受到各地政府机关及其他社会组织的重视，纷纷派人派团来丽水学习交流，丽水市农村电商服务中心作为丽水市农村电商发展的名片，是丽水农村电商发展历程、发展成果及“丽水模式”解析的重要展示阵地。丽水农村电商服务中心将积极协助主管单位做好全国各类政府单位、电商组织、高校机构的考察接待工作，持续总结更新丽水农村电商的各项资料数据和典型案例，讲好丽水电商发展模式的经验模式，不断提升丽水农村电商整体形象和区域影响力。

七、移动电子商务人才培养经验梳理

1. 梳理菜单式市场化服务

通过前期的调研、培训、沙龙、对接会等多种形式，充分了解本地电商企业及创业青年在基础公共服务以外的个性化需求，依托第三方服务商资源，梳理菜单式市场化服务内容，为电商企业提供各种针对性、高层次市场化服务，包括短视频拍摄剪辑，MCN机构服务、供应链对接优化，人力资源管理、短视频账号伴教、账号代运营等，以及营销层面的更新内容、优化排名、网络推广等方面服务，具体服务与策划内容由合作双方沟通协定。同时，联合各大咨询顾问机构、行业协会等，举办各类人才、财务、管理、营销、品牌、电商运营、法律、消防、安防等主题服务活动。其中，咨询顾问机构包括工商代理、知识产权、律师事务所、会计师事务所、审计师事务所、品牌营销咨询、互动传播策划、人力资源、技术支持、电商代运营等类型。电商服务市场化运营的推行，可以解决丽水市电商高层次、领军型专业人才欠缺的难题，突出企业在电子商务应用中的主体地位，充分发挥电商对农村经济发展的积极促进作用，促进丽水市农村电商公共服务体系长久运行。

2. 创新融合新型技术服务

积极升级电子商务基础配套服务，布局前沿技术。支持大数据、人工智能、5G、区块链等新技术的创新发展和应用。加速推进丽水产业数字化，支撑全市电商服务业效率不断提升，开展电商服务业服务模式多元化培育工作，推动物流和供应链、电子支付、信息技术、运维服务等诸多服务领域和电商服务提供商合作，将推进本地生活服务业、商贸业、种植养殖农业等诸多行业数字化转型升级；引领本地电商服务提供商提升自身的数字化能力，创新解决方案，加速融入行业变革中。

3. 创新发展电商金融服务

对接金融资源协助政府建立供应链金融、农业产业基金等金融保障机制，提升品牌金融保障度。创新金融服务模式，创新性推行农村电商普惠金融，对接阿里农村淘宝乡村振兴模式，建立“农村电商＋供应链”模式，解决电商发展中突出的融资需求问题。创新丽水农村电商“新金融”服务模式，继续推广金融、电商、物流、政务、公益等社会资源“五位一体”，全方位满足农村居民生产、生活、创业等多元化需求。

4. 实现电商创业“全链条”服务

搭建农村电商主体经营库、培训资料库、政策库、第三方服务商库等资源库，定期更新平台数据内容，为创业主体发展提供市场信息、技术服务和教育资源等专业化市场服务。工商税务：协助或代理企业办理公司与商标注册、记账报税、财务审计、资质申请等事宜，并为有需要的企业出具各类证明文件。项目申报：通过培训及组织电商企业进行创业专项、创新基金、产业化专项各领域政策的申请，帮助电商创业企业争取更多的优惠政策和资金扶持。人才引进：和省内外各大高等院校、科研机构、职校技校、劳务派遣公司等合作，并定期举办大中型招聘活动，协助本地电商企业寻找不同层次的优秀人才。

5. 强化品牌营销推广

推动以产品标准、包装标准、生产标准为主的标准体系建设，培育引进擅长营销推广的电商服务企业，针对网络市场的需求，开展特色网货产品和服务产品的策划与包装设计。加强对相关企业进行品牌注册、营销推广、知识产权保护等相关培训，提升企业品牌的比例、使用率及知名度。支持企业在天猫、京东、苏宁等第三方平台开设旗舰店，开展品牌化营销。联合业界知名展览机构，通过中国国际电子商务博览会、中国农村电子商务大会等会议会展，走出去广泛参展。

6. 加强知识产权保护

推动加快在专利、著作权等领域引入侵权惩罚性赔偿制度；探索加强对商业秘密、保密商务信息及其源代码等的有效保护。协助政府加大执法监督力度、建立健全社会共治模式、加强专业技术支撑。优化授权确权维权衔接程序、加强跨部门跨区域办案协作、推动简易案件和纠纷快速处理、加强知识产权保护机构建设。更大力度加强区域合作、健全与国内外权利人沟通渠道、加强维权援助服务、健全协调和信息获取机制。

7. 创新数据监管模式

建设丽水电商大数据中心，搭建电商可视化数据平台，提供数据查询、统计分析、可视化图形展示、数据监管等功能。成立农村电商数据研究中心，统计监管并分析农村电商主体、产品类目、销售情况等各类数据。配合相关部门开展数字贸易研究，为电商监管及政策制定提供数据依据。加强对网络服务诚信经营情况、网络交易及风险防范知识的宣传，引导公众正确使用互联网，增强对数字商务的信任度和风险防范意识，营造合力推动数字商务发展的浓厚氛围。

参 考 文 献

陈芳芳，罗震东，何鹤鸣．电子商务驱动下的乡村治理多元化重构研究：基于山东省曹县大集镇的实证［J］．现代城市研究，2016（10）：22-29.

陈潭，王鹏．信息鸿沟与数字乡村建设的实践症候［J］．电子政务，2020，216（12）：2-12.

陈晓莉，吴海燕．增权赋能：乡村振兴战略中的农民主体性重塑［J］．西安财经学院学报，2019（6）.

陈晓莉，吴海燕．增权赋能．乡村振兴战略中的农民主体性重塑［J］．西安财经学院学报，2019（6）.

陈晓旭，王翔宇，刘建晓．博弈视角下电商扶贫对农村生产企业发展的影响［J］．经济问题，2019（1）：84-91，98.

陈新．注意力竞争与技术执行．数字化形式主义的反思及其超越［J］．社会科学战线，2021（8）.

陈学兵．乡村振兴背景下农民主体性的重构［J］．湖北民族大学学报（哲学社会科学版），2020（1）.

陈悦，陈超美，刘则渊，等．CiteSpace 知识图谱的方法论功能［J］．科学学研究，2015，33（2）：242-253.

程惠霞，杨璐．中国新型农村金融机构空间分布与扩散特征［J］．经济地理，2020，40（2）：163-170.

崔凯，冯献．数字乡村建设视角下乡村数字经济指标体系设计研究［J］．农业现代化研究：2020，41（6）：899-909.

但斌，郑开维，刘墨林，等．基于社群经济的“互联网＋”生鲜农产品供应链 C2B 商业模式研究［J］．商业经济与管理，2016（8）.

丁波．乡村治理数字化转型：逻辑、困境及路径［J］．新疆社会科学，2023（3）.

丁德昌，何艳，李坤．“互联网＋”背景下农产品电商营销一体化模式研究［J］．戏剧之家，2019，320（20）：219，221.

丁疆辉，刘卫东．农村信息技术应用的地理学研究进展与评析．地理科学进展，2009，28（5）：759-766.

董晓林，石晓磊．信息渠道、金融素养与城乡家庭互联网金融产品的接受意愿［J］．南京农业大学学报（社会科学版），2018，18（4）：109-118.
都文爽．农村电子商务发展存在问题及对策研究［J］．山西农经，2019（24）：85-87.
冯献，李瑾，崔凯．乡村治理数字化：现状、需求与对策研究［J］．电子政务，2020（6）：73-85.
冯献，李瑾，崔凯．乡村治理数字化：现状、需求与对策研究［J］．电子政务，2020（6）.
符晓晓．浅谈农村电子商务发展存在的问题及对策［J］．现代营销，2019（3）：177-179.
傅晓锋．农村电子商务存在的问题及对策［J］．现代农业科技，2010（22）：45-47.
郭峰，王瑶佩．传统金融基础、知识门槛与数字金融下乡．财经研究，2020，46（1）：19-33.
郭明．互联网下乡：国家政权对乡土社会的“数字整合”［J］．电子政务，2020（12）24-30.
郭作玉．百宝箱：中国信息化与现代农业案例及分析［M］．北京：中国农业出版社，2011.
何婧，田雅群，刘甜，等．互联网金融离农户有多远：欠发达地区农户互联网金融排斥及影响因素分析［J］．财贸经济，2017，38（11）：70-84.
胡居东．乡村振兴背景下农村电子商务发展的制约因素及对策研究［J］．现代经济信息，2019（22）：301，303.
贾立，陈珏．绿色金融背景下产品型农业众筹发展思路探究［J］．西南金融，2018（3）：36-41.
姜威威，薛永三，李祥杰．“短视频＋直播”电商背景下农产品营销路径研究［J］．四川职业技术学院学报，2022（6）：91-94.
焦香淋，薛明轩，等．O2O模式下生鲜农产品移动电子商务发展研究：以百菜帮为例［J］．农业与技术，2016（15）.
金春枝，李伦．我国互联网数字鸿沟空间分异格局研究［J］．经济地理，2016，36（8）：106-112.
李长军．“互联网＋”背景下农产品电子商务发展策略研究［J］．电子商务，2016（6）.
李贵兰．“互联网＋”背景下农产品新型营销与农业经济发展［J］．中国集体经济，2022（36）：56-58.
李国英．产业互联网模式下现代农业产业发展路径．现代经济探讨，2015（7）：77-82.
李丽霞，李宁，张旭锐．互联网使用对农户多维贫困的减贫效应研究［J］．科学决策，2019（11）：66-82.
李向洋，吴继飞，田和买，等．农村电子商务服务站激活路径研究［J］．现代营销（下旬刊），2021（2）：148-149.
李依浓，李洋．“整合性发展”框架内的乡村数字化实践：以德国北威州东威斯特法伦利普地区为例［J］．国际城市规划，2021，36（4）：126-136.
李正昕．浙江省农业众筹融资绩效影响因素研究：基于空间分异视角［J］．技术经济与管理研究，2020（8）：85－89.
廖卫红，徐选华．移动电子商务中消费者购买行为决策影响因素分析及实证研究［J］．改革与战略，2016（8）.
林海英，赵元凤，葛颖，等．贫困地区农牧户参与电子商务意愿的实证分析：来自594份农牧户的微观调研数据［J］．干旱区资源与环境，2019，33（6）：70－77.
林海英，赵元凤，葛颖等．贫困地区农牧户参与电子商务意愿的实证分析：来自594份农牧户的微观调研数据［J］．干旱区资源与环境，2019，33（6）：70－77.
刘少杰．数字乡村建设悬浮的成因与对策［J］．中国农业大学学报（社会科学版），2022，39（5）：5－12.
卢盛峰，洪靖婷．乡村电子商务建设与区域协调发展：来自中国电子商务进农村试点的证据［J］．经济评论，2023（5）：71－88.
吕慧智，李鸿雁．基于“互联网＋”的特色农业产业市场营销创新模式研究［J］．青春岁月，2019，（14）：442，441.
罗峰．体制性空间下的农村社区服务：一个初步的解释框架［J］．华中师范大学学报（人文社会科学版），2018（1）.
罗震东，项婧怡．移动互联网时代新乡村发展与乡村振兴路径．城市规划，2019，43（10）：29－36.
马小雅，黄武．“互联网＋”背景下广西特色农产品电商物流发展研究［J］．价格月刊，2017（1）.
马泽波．农户禀赋、区域环境与电商扶贫参与意愿：基于边疆民族地区630个农民的问卷调查［J］．中国流通经济，2017，31（5）：47－54.
戚如强．基础制度构建：农民主体性生成的现实路径选择［J］．理论与改革，2007（2）.
任晓晓，丁疆辉，靳字含．产业依托型淘宝村时空发展特征及其影响因素：以河北省羊绒产业集聚区为例［J］．世界地理研究，2019，28（3）：173－182.
单汨源，李华，刘小红．基于TPB理论的“互联网＋农产品”众筹影响因素研究［J］．科技管理研究，2017，37（2）：235－240.
单勇．城市公共安全的开放式治理：从公共安全地图公开出发［J］．中国行政管理，2018（5）.
沈费伟，陈晓玲．技术如何重构乡村：乡村技术治理的实现路径考察［J］．学术界，2021（2）.
粟芳，邹奕格，韩冬梅．政府精准致力农村互联网金融普惠的路径分析：基于上海财经大学2017年“千村调查”［J］．财经研究，2020，46（1）：4－18.
孙占权．乡村振兴战略视野下我国农村地区电子商务与快递物流协同发展的策略［J］．农业经济，2019（2）：115－117.
唐红涛，郭凯歌，张俊英．电子商务与农村扶贫效率：基于财政投入、人力资本的中介效应研究［J］．经济地理，2018，38（11）：50－58.
唐红涛，郭凯歌，张俊英．电子商务与农村扶贫效率：基于财政投入、人力资本的中介效

应研究 [J]. 经济地理，2018，38 (11)：50 - 58.
田霖. 互联网金融视域下金融地理学研究的新动态述评 [J]. 经济地理，2016，36 (5)：9 - 16.
田宇，卢芬芬，张怀英. 中国贫困地区情境下的包容性商业模式构建机制：基于武陵山片区的多案例研究 [J]. 管理学报，2016，13 (2)：184 - 194.
田宇，王克，黄卫，等. 扶贫制度环境对东部企业西部分支机构绩效的影响机制研究 [J]. 管理学报，2019，16 (3)：343 - 350.
汪凡，汪明峰. 基于格网的淘宝村集聚特征及影响因素分析 [J]. 地理科学，2020，40 (2)：229 - 237.
汪明峰. 互联网使用与中国城市化："数字鸿沟"的空间层面 [J]. 社会学研究，2005 (6)：112 - 135.
王军华. 基于百度指数的"互联网＋农业"公众关注度空间自相关分析 [J]. 中国农业资源与区划，2020，41 (4)：325 - 330.
王敏，马纯莉，朱竑. "互联网＋"时代下的乡村地方品牌建构：以从化市良口镇三村为例 [J]. 经济地理，2017，37 (1)：115 - 122.
王鹏，陈潭. 数字时代下国家与乡村关系的嬗变与重塑 [J]]. 华南农业大学学报（社会科学版），2023，22 (1)：9 - 22.
王胜，屈阳，王琳等. 集中连片贫困山区电商扶贫的探索及启示：以重庆秦巴山区、武陵山区国家级贫困区县为例 [J]. 管理世界，2021，37 (2)：95 - 105，8.
王亚华，毛恩慧. 城市基层治理创新的制度分析与理论启示：以北京市"接诉即办"为例 [J]. 电子政务，2021 (11).
王盈盈，王敏. 数字地理视角的乡村研究及展望 [J]. 世界地理研究，2020，29 (6)：1248—1259.
王盈盈，谢漪，王敏. 精准扶贫背景下农村电商关系网络与地方营造研究：以广东省五华县为例. 世界地理研究，2017，26 (6)：119 - 130.
邬家峰. 网络技术结构性赋能与乡村治理数字化转型：基于江西省赣州市村务微信群的考察 [J]. 南京农业大学学报（社会科学版），2022 (3).
吴正祥. 贫困村农户电商扶贫参与意愿及其影响因素研究：以资源枯竭型城市阜新为例 [J]. 科技与经济，2020，33 (2)：46 - 50.
夏显力，陈哲，张慧利，等. 农业高质量发展：数字赋能与实现路径 [J]. 中国农村经济，2019 (12)：2 - 15.
向雁，屈宝香，侯艳林. 北京休闲农业发展现状特征及对策建议 [J]. 中国农业资源与区划，2017，38 (4)：214 - 222.
熊剑平，刘承良，袁俊. 乡村旅游电子商务发展与网络系统构建 [J]. 经济地理，2006 (2)：340 - 345.

徐天睿．乡村振兴战略背景下农村电商服务站发展现状的田野调查［D］．杭州：浙江工业大学，2019.

许婵，吕斌，文天祚．基于电子商务的县域就地城镇化与农村发展新模式研究［J］．国际城市规划，2015，30（1）：14－21.

薛洪生．当代农民的利益表达与农村稳定：以农民主体性文化视角论社会和谐的构建范式［J］．黑龙江社会科学，2008（2）.

余侃华，陈延艺，武联，等．乡村 4.0：互联网视角下乡村变革与转型的规划应对探讨：以陕西省礼泉县官厅村为例［J］．城市发展研究，2017，24（11）：15－21.

曾亿武，邱东茂，沈逸婷，等．淘宝村形成过程研究：以东风村和军埔村为例［J］．经济地理，2015，35（12）：90－97.

湛礼珠．农民主体性建设：一个农村人居环境整治参与的分析框架［J］．现代经济探讨，2023（1）.

张诚，张广胜，王艳玲．政府减贫的农村电商与农村物流协同演化及政策优化［J］．北京交通大学学报（社会科学版），2020，19（1）：98－105.

张国庆，胡微微．制度规则失范与公平正义失和：现时期中国政府深化改革的必解难题［J］．山东社会科学，2013（5）.

张含宇，姬宸宇．互联网的普及能减缓中国农村贫困吗？［J］．江苏大学学报（社会科学版），2020，22（5）：14－25.

张佳，王琛．电子商务对农村经济发展影响及其空间差异研究：基于浙江省淘宝村的问卷调查分析［J］．世界地理研究，2020，29（5）：952－961.

张嘉欣，千庆兰，陈颖彪，等．空间生产视角下广州里仁洞“淘宝村”的空间变迁［J］．经济地理，2016，36（1）：120－126.

张梅．“互联网＋”背景下农村电子商务发展策略［J］．甘肃农业，2016（18）.

张天泽，张京祥．乡村增长主义：基于“乡村工业化”与“淘宝村”的比较与反思［J］．城市发展研究，2018，25（6）：112－119.

张雅，孙晓辉．农业众筹的起源、特点与未来［J］．中国农业大学学报（社会科学版），2016，33（6）：96－105.

张英男，龙花楼，屠爽爽，等．电子商务影响下的“淘宝村”乡村重构多维度分析：以湖北省十堰市郧西县下营村为例［J］．地理科学，2019，39（6）：947－956.

张在一，毛学峰．“互联网＋”重塑中国农业：表征、机制与本质［J］．改革，2020（7）：134－144.

张正平，江千舟．互联网金融发展、市场竞争与农村金融机构绩效［J］．农业经济问题，2018（2）：50－59.

张周平等．2016 年（上）中国电子商务市场数据监测报告［R］．电子商务研究中心，2016.

赵丹玉．农村电商发展对农村产业融合的促进作用：以甘肃省为例［J］．中国商论，2021（17）：56－59.

赵晓峰、刘海颖．数字乡村治理：理论溯源、发展机遇及其意外后果［J］．学术界，2022（7）.

郑洁．乡村振兴背景下农村电商发展模式与运营体系构建［J］．商业经济，2021（2）：115－116.

朱雪颖．直播电商背景下农产品营销策略研究［J］．中外企业文化，2022（12）：127－129.

祝仲坤．互联网技能会带来农村居民的消费升级吗？基于 CSS2015 数据的实证分析［J］．统计研究，2020，37（9）：68－81.

左晗芳．农产品上行视角下脱贫攻坚新方向［J］．现代商贸工业，2021，42（10）：9－10.

Bora G，Nowatzki J，Robert D. Energy savings by adopting precision agriculture in rural USA［J］．Energy Sustainability & Society，2012，2（1）：1－5.

Broadbent R，Papadopoulos T. Impact and benefits of digital inclusion for social housing residents［J］．Community Development，2013，44（1）：55－67.

Galloway L，Sanders J，Deakins D. Rural small firms′ use of the internet：From global to local［J］．Journal of Rural Studies，2011，27（3）：254－262.

Gilbert M，Masucci M，HOMKO C，et al.，Theorizing the digital divide：Information and communication technology use frameworks among poor women using a telemedicine system［J］．Geoforum，2008，39（2）：912－925.

Seo D，Bersen M. Comparing attitudes toward e－government of non－users versus users in a rural and urban municipality［J］．Government Information Quarterly，2016，33（2）：270－282.

Zhou C. Research on development mode of intelligent rural tourism under digital background［J］．Informatica，2019，43（3）：337－341.

图书在版编目（CIP）数据

乡村振兴战略下农村移动电子商务发展策略探析 / 盛晓颖著. —北京：中国农业出版社，2024.4
ISBN 978-7-109-31927-1

Ⅰ.①乡… Ⅱ.①盛… Ⅲ.①农村—电子商务—研究—中国 Ⅳ.①F724.6

中国国家版本馆 CIP 数据核字（2024）第 083932 号

中国农业出版社出版
地址：北京市朝阳区麦子店街 18 号楼
邮编：100125
责任编辑：王秀田
版式设计：小荷博睿　　责任校对：吴丽婷
印刷：北京通州皇家印刷厂
版次：2024 年 4 月第 1 版
印次：2024 年 4 月北京第 1 次印刷
发行：新华书店北京发行所
开本：700mm×1000mm　1/16
印张：11.5
字数：200 千字
定价：78.00 元

版权所有・侵权必究
凡购买本社图书，如有印装质量问题，我社负责调换。
服务电话：010－59195115　010－59194918